社会福祉国家
ドイツの現状
ドイツ人の人生の危機への備え

岩村偉史　著

三修社

はじめに

　ドイツは、社会保障制度の構築に関して、常に世界をリードしてきました。19世紀の産業革命期、社会のさまざまなひずみが顕著になっていくなかで、世界に先駆けて、社会保険（労災・医療・年金保険）を相次いで導入しました。しかし、これも突如として現れたものではなく、中世から続く互助精神、社会福祉の伝統の延長線上にありました。

　以来ドイツは、二度の世界大戦、東西分断と再統一といった歴史の大きなうねりを受けながらも、社会保障制度を着実に充実させてきました。そして1995年には、社会保険の5本目の柱である公的介護保険を、やはり世界に先駆けて導入しました。日本もこれにならい、2000年に介護保険制度を創設したことは、記憶に新しいところです。これに限らず、社会保険制度を構築していく過程で、ドイツは日本にとって常に良き模範でした。

　本書は、福祉、労働、社会保険の分野にまたがる、ドイツの社会保障制度の現在の仕組みを出発点に、その歴史的経緯や背景、さらにはドイツ人の価値観や人生観なども織りまぜながら、『社会福祉国家』

ドイツの状況をわかりやすく解説したものです。加えて、ドイツの社会が直面しているさまざまな課題、再統一後の問題、医療・年金改革、外国人の問題、失業問題などを取り上げて、その解決への試みを追ってみました。このドイツの試みは、日本の社会保障制度の改革を考えるうえでも、重要な示唆を与えてくれるものと思われます。なお本書においては、便宜上1ユーロ140円として換算しています。

最後になりましたが、本書が出版されることになりましたのは、ひとえに三修社顧問・澤井啓允氏の貴重なご助言とご尽力によるものであり、この場を借りて澤井氏には心より感謝申し上げる次第です。

2006年9月

著　者

社会福祉国家　ドイツの現状

――ドイツ人の人生の危機への備え

目　次

II　社会保険制度

Ⅲ　働くドイツ人

Ⅳ　直面する問題

I

福祉の伝統とドイツの社会

社会福祉と市場経済

第二次世界大戦後の1949年に成立したドイツ連邦共和国の憲法である「基本法」は、第20条の中で、民主主義、法治国家、連邦制とともに、社会福祉国家が建国の理念であると定めており、さらに第79条でこれらの基本理念に関わるような憲法改正を禁止している。ちなみに、日本国憲法と違って、ドイツ基本法はすでに50回以上も改正されている。

ドイツ人は自国経済を誇りを持って「社会的市場経済」と呼んでいる。第二次世界大戦後まもなく、後に連邦首相にまでなった経済大臣ルードヴィヒ・エアハルトが経済効率と社会的公正が競い合う社会的市場経済を提唱し、強力に推進した。西ドイツはその後、マーシャルプラン（欧州経済復興計画）の支援もあって、あの有名な「経済の奇跡」を生み出したのである。

社会的市場経済とは、自由と競争による市場経済一辺倒ではなく、国が政策を通じて市場経済による弊害を防止・除去して、社会的公平と社会福祉をも実現しようとする経済の形態である。経済的繁栄だけでなく、豊かさが社会全体に行きわたるなかで、自由と公平と連帯に基づく民主的な社会福祉国家の建設を目指すのである。社会福祉を実現するための資金はこの経済システムを通して供給され、社会保険、教育制度の拡充、個人または集団の不利益を解消するための諸制度（住宅手当をはじめとする援助、税制措置など）、社会性の強い経済政策（雇用対策、貨幣価値の維持）といったことが実現されていく。

このように、ドイツは連帯と自己責任を基本とする社会保障制度を拡充し、社会的公平の実現を目指している。国民所得に対する税金と社会保障負担の割合、いわゆる国民負担率は、日本の財務省の調査によれば、日本と米国は36％前後であるのに対し、スウェーデンは70％、ドイツは56％となっている。ドイツでは一般に、労働をして収入を得た人は税金（所得税）のほかに社会保険料を払うのが当然とされている。だから、納税をしない「もぐりの仕事」が摘発されるたびに、この種の仕事によって税金と社会保険料をあわせて年間約５００億ユーロ（約7兆円）が失われているなどと指摘して、脱税額ばかりでなく社会保険料収入にいかに影響があったかを強調するのである。

社会福祉国家とは単なる慈善国家ではなく、社会的公正に基づく体制であるから、そこにはいわゆる「ギブ・アンド・テイク」の原則が生きている。自分が得たものの一部を社会のために提供する、そうすることで、困ったときには給付を請求する権利が生じるのである。したがって、社会保険給付は「お恵み」とか「憐れみ」として与えられるのではなく、正当な権利に基づいて請求し、受け取るものなのである。例えば、年金は長年にわたって保険料を納めることで行ってきた社会への貢献に対する応分の報酬である。これに関連してドイツでは、女性の家庭における貢献（家事、育児、介護など）を、徐々にではあるが社会保険のなかで認知し、給付請求権を与えてきた。

母性保護

出産前の6週間と出産後の8週間が母性保護期間とされる。この期間中は、パートタイムや職業訓練中の人も含めて働く女性には有給の休暇が認められ、出産準備、乳児の世話、自身の静養に当てることになっている。シングルマザーやドイツで働く外国人女性にも適用される。母性保護期間中、医療保険が妊産婦手当を支払うが、これが手取り賃金より少ない場合は勤め先の会社に差額支払いを請求できるので、収入は完全に保証されることになる。これらの手当には所得税がかからず、社会保険料（年金、医療、失業などの保険）も免除される。医療保険に加入している自営業者の場合は傷病手当相当額を受け取る。

母性保護期間中の出産前6週間については、女性が特に望む場合に限り働いてもよいが、出産後8週間の期間は一切働いてはならないことになっている。そして、妊娠期間中と出産後4ヶ月間は、原則として使用者は解雇できない。また、この母性保護期間に引き続いて、最長3年の育児休暇（これは無給）をとることもできる。

さらに、妊娠中および授乳期間中の女性に対して、会社は女性と子供の生命や健康を危険にさらさないよう配慮しなくてはならない。例えば、立ち仕事の職場では女性が座って休憩を取れる環境を整えなくてはならない。この期間中に過酷な仕事をさせてはならないという就業禁止規則もある。妊娠中の女性は、1日8時間30分または2週間の間に合計90時間を超えて、仕事をさせてはならないことになっている。また、妊娠3ヶ月を過ぎた場合、バス・トラック・タクシーなどを運転する仕事はさせてはならず、5ヶ月を過ぎたら立ち仕事は1日4時間以上させてはならない、などさまざまな規則で守られている。そしてこれらの措置に伴って給与が減らされることはない。

育児を支援

育児手当は１９８６年から支給されている。これを受け取ることのできるのは、ドイツ国内に在住し、休職して育児に専念する母親か父親のいずれかである。この手当の受給中は週30時間を超えない範囲で仕事をしてもよいことになっている。外国人にも受給権があり、その条件は児童手当と同じである（18頁の児童手当の項を参照のこと）。目下のところは最高で月額３００ユーロ（約4万2千円）、最長で子供が満2歳になるまで支給される。受給期間を子供が満1歳になるまでにすれば、月額４５０ユーロ（約6万3千円）まで受け取ることができる。この育児手当に引き続いて、バイエルン州などいくつかの州ではさらに州独自の育児手当が支給されている。

育児休暇は、母性保護期間（産後8週間）終了後に育児に専念するために父親か母親のいずれかが取得できる休暇制度として１９８６年から実施されたが、その後改正されて一定期間なら、両親が同時に取得できるようになった。双方とも仕事を持っていることが条件となるが、どちらかが失業中の場合でも認められる。休暇中は解雇保護期間となり、職場を失うことはない。この休暇は無給であるが、育児手当と児童手当が受けられるので収入の目減りはある程度補なえる。この休暇制度を利用しているのは女性が主体で、父親の20％以上がこの制度の利用を希望しているものの、実際の育児休暇取得率は低く、約２％にとどまっている。

子供は一人でいい

ドイツの若い世代が描いている理想の家庭は、子供が2人いる家庭ではない。アンケート調査によれば、20歳~34歳の年齢層の女性たちが理想と考えている子供の数は、フランス、デンマーク、スウェーデン、イギリスなどでは2・5人であるのに対し、ドイツでは1・6人となっている。同じ年代の男性たちのほうはもっと少なく、理想の子供の数は1・5人としている。さらに、この世代では、男性の26%、女性の15%が子供をつくろうとは考えていないということだ。10年前はそれぞれが12%、11%であった。その理由としては(複数回答)「適当な相手がいない」(83%)、「現在の生活水準を下げたくない」(62%)、「自由時間や職業を犠牲にしたくない」(40%)などとしている。子供を望まない傾向が顕著なのは、EU(欧州連合)内にあってはドイツとオーストリアだけである。

ドイツの合計特殊出生率(1人の女性が一生の間に産む子供の数)は97年に1・24人で最低を記録した後持ち直し、最近は1・4人前後で安定している。ただし、大卒女性の50%近くが子供をつくらない。これに対し、日本の出産率は1・26人にまで落ち込んでいる。

ドイツの現在の人口は8240万人で、2050年には7080万人にまで減少すると予測されている。一方フランスでは2050年に人口が7500万人となり、ドイツを抜いてEU最大となる見通しとなっている。これは出生率の上昇、死亡率の低下、移民の増大によるものである。ただし、トルコがEUに加盟すれば、トルコが文句なしに人口ではEU最大の国となる。ちなみに、日本は2006年に1億27

合計特殊出生率の推移

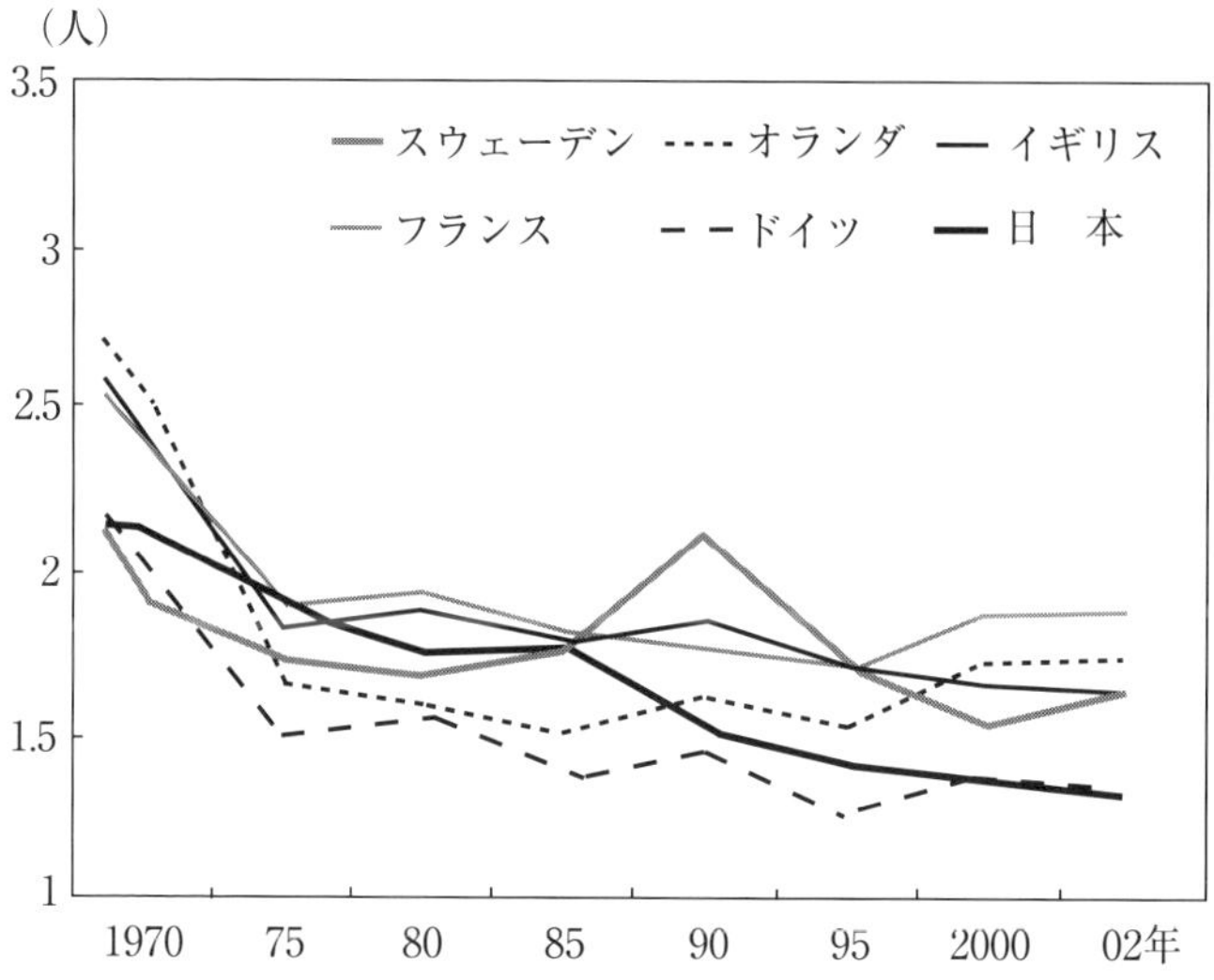

74万人でピークを迎え、その後減少し始めると予想されていたが、そのペースが少し速まってきている。

育児も「労働」である

1986年に育児手当・育児休暇とともに、育児期間を年金加入期間として算入する制度が導入された。子供を育てる家庭の負担を軽くし、育児を評価するために設けたとされているが、少子化対策、つまり人口政策の面も備えている。

育児のほかに、介護期間も介護保険導入により、年金を含む社会保険加入期間として認められることになった。育児や介護はドイツでも主に女性が担っているので、女性に対する社会保障の強化へとつながった。ドイツ人の考え方では、「労働」には通常の仕事だけでなく、子供を産み、育てること、家族を介護することも含まれる。そのため、社会保険で育児と介護を労働と認め、保険料を徴収することなく正規の加入期間として計算している。

育児期間算入制度は当初、子供が満1歳になるまでとされていたが、1992年から満3歳にまで拡大された。この期間中は、職業を持っていなくても、加入者平均賃金の100%分（2000年7月から）の労働をしたとみなされ、本人が保険料を払い込むことなく年金保険の加入期間と認められる。制度導入当初は平均賃金の75%分とされていたのが、段階的に引き上げられてきたのである。年金受け取り額が払込保険料額と加入期間に比例して増えるドイツの年金制度にあっては、育児などのために仕事のできる期間が限られて男性よりも加入期間が短くなり、したがって年金額が低かった女性たちにとって、この算入制度の恩恵は大きいものである。

成人しても児童手当

児童手当は1955年に第3子以降を対象に支給されたのが始まりである。61年から低所得世帯については第2子も児童手当を受け取れるようになり、64年にはそれまでの使用者一部負担から国による全額負担へとかわった。75年からはすべての子供が対象とされ、親の所得水準による支給制限が撤廃された。つまり、両親の所得額に関係なく支給されるから、高額所得者でももらえるのである。

ドイツに居住し子供を養育している人は、原則として児童手当を受ける権利がある。だから、滞在許可（ビザ）を持つドイツ在住の外国人にも受給権がある。親が仕事の関係で一時的に外国で生活している場合でも、子供がドイツ国内に居住していれば受給権がある。親が別居または離婚している場合は、子供と一緒に暮らしている親が受け取ることになる。養育しているのが実の親でなく、里親や祖父母であっても、養育している人が受給できる。シュレーダー政権による法改正の結果、給与と一緒に会社からもらうのではなく、申請により労働局から直接受け取れるようになった。

児童手当の対象となるのは18歳未満の子供である。ただし例外的に、子供が27歳（将来的には上限が25歳に引き下げられる見通し）になるまで受給できる場合がある。それは例えば、子供が大学などで勉学中であったり、職業訓練中であったりして、年間収入が一定限度以下の場合である。だから、学生の夏休み中のアルバイト料や職業訓練中の給料がこの金額以下なら、親は児童手当を継続して受け取れるのである。子供が18歳を過ぎても失業中であれば、21歳まで支給される。ちなみに、ドイツでは18歳で成人とみなされる。さらに、子供がなお勉学中、または職業訓練中であり、兵役またはこれに代わる非軍事役務などをすでに行っている場合には、27歳を超えてもその期間の分だけ児童手当受給期間が延長される。そして、障害のために一人で生活することができない子供については、27歳を超えて児童手当を受けることができる。

児童手当の金額は、第3子までは月額154ユーロ（約2万1500円）、第4子以降は1人当たり179ユーロ（約2万5千円）となっている。つまり、子供が4人いれば、月に641ユーロ（約8万9700円）もらえる計算になる。しかも税金や社会保険料はかからない。

兵役拒否者は介護に不可欠

これは社会保障制度とは直接関係ないが、現実的にはドイツの社会福祉を支える重要な柱の一つになっている制度である。ドイツには徴兵制があり、満18歳になると男子には兵役義務が生じ、原則として25歳までに9ヶ月軍隊に入らなくてはならない。だが、憲法の第12a条で「武器を手にする兵役を良心に基づいて拒否する者には、代替役務を課することができる」と規定されているので、兵役を拒否することができる。拒否者に対しては国による審査が行われ、兵役を拒否するのに十分な根拠があると認められた場合、軍隊以外の場所で勤務をすることになる。これは非軍事役務または代替役務と呼ばれる。代替役務を認められた人は、兵役の代わりにあらかじめ指定された病院、介護・福祉施設、環境保護施設などで9ヶ月間働くことになる。

以前は徴兵拒否者に対して厳しい審査が行われていたが、1977年からは良心に基づいて兵役を拒否することを書面（郵便ハガキ）で表明すればこの審査を受けなくてもいいことになり、拒否者が増加した。そして83年からは履歴書、警察の犯罪証明書、拒否理由書（良心に基づく拒否）を提出し、代替役務を行う用意があることを伝えれば認められるようになった。現在では、事実上軍事・非軍事役務を選択できるようになっている。おもしろいことに、シャルピング元国防大臣（社民党）は兵役拒否者だった。

ドイツでも徴兵制を廃止しようという議論がたびたび持ち上がる。だが、廃止に伴って代替役務もな

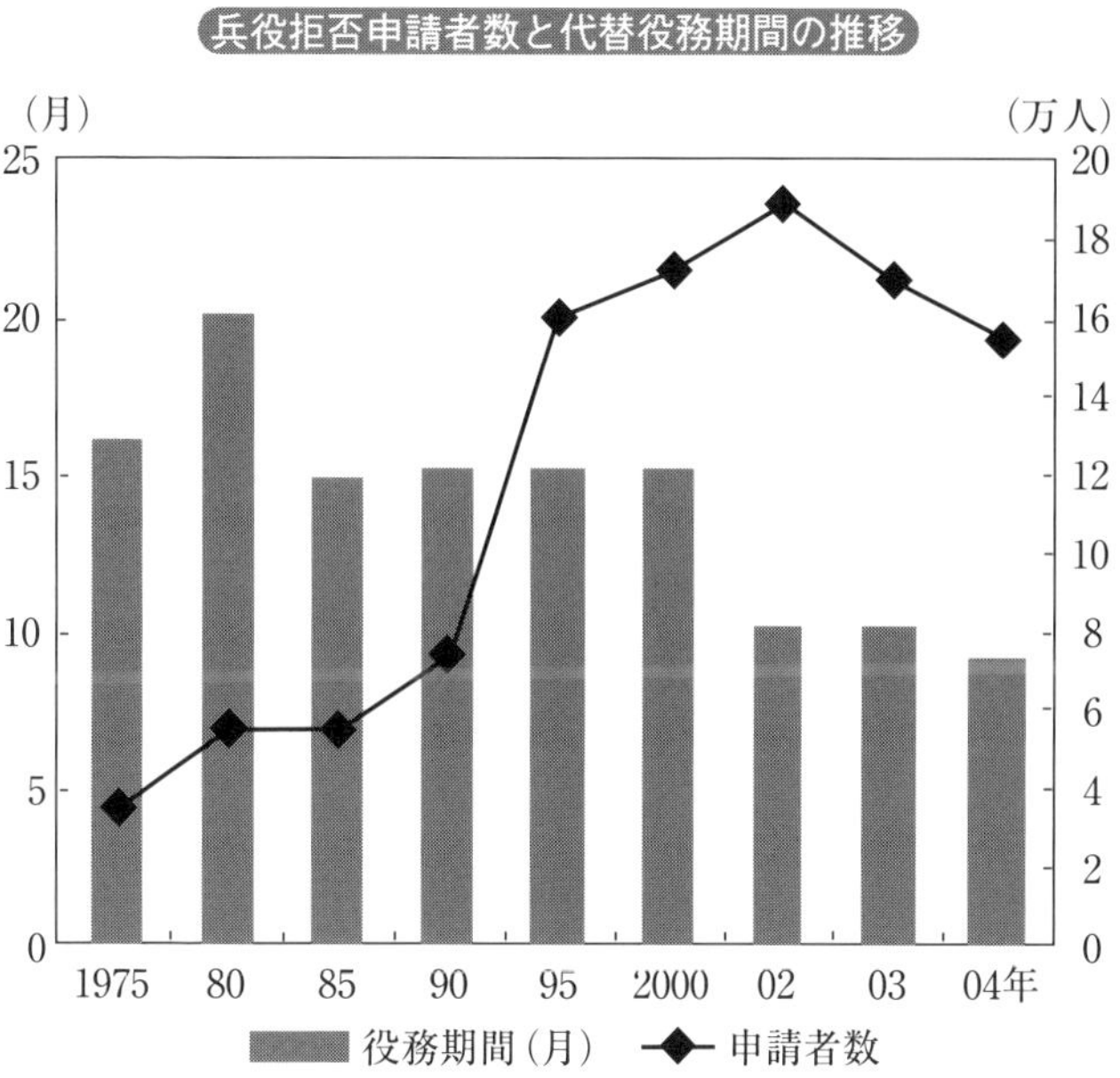

くなってしまうので、社会福祉の一翼を担っている若く安価な労働力を失い、社会福祉に支障をきたすことになる。特に介護施設ではこれらの若者が重要な戦力となっているのである。また、この兵役拒否者を社会福祉に活用する制度は別の方面からも脅かされている。それは政府の財政削減政策である。ドイツはユーロ圏で求められている財政赤字基準（GDPの3％）をクリアするため緊縮財政を推し進めていて、国防予算も大胆に削られ、連邦国防軍は機構改革を迫られている。その一環として、兵力を削減し、駐屯地を閉鎖・縮小するとともに、兵役義務者の受け入れ数も減らすことにしている。一方、兵役拒否者による代替役務を担当している家庭・高齢者・女性・青少年省も予算削減を迫られており、代替

役務のための予算を縮小することになった。その結果、代替役務をする若者を受け入れる施設への政府の給与補助率が75％から70％に引き下げられ、代替役務期間も15ヶ月から段階的に短縮されて9ヶ月にまでなってしまった。この措置により代替役務者の数が年間1万5千人以上減少すると見られている。そして将来的には代替役務者総数を現在の約14万人から11万人に減らす計画でいる。

青少年保護の発端は徴兵検査

産業革命期の19世紀前半、ドイツでは児童労働が日常化していた。子供たちは成人男性の4分の1から5分の1の低賃金で働いていたので、工場経営者にとっては人件費を安くおさえるための重要な働き手であった。また、労働者世帯のほうでも、世帯主の賃金がもともと低かったので、生活のためには妻や子供まで働かざるをえなかったのである。過酷な労働に加え、住居は狭く、じめじめして寒く、栄養状態も悪かったので、子供たちの健康はそこなわれ、結核などの病気にかかりやすかった。

そんなとき、富国強兵を国是とするドイツの王国プロイセンは、徴兵検査で若者の健康状態が惨憺たるものであることを知り、大急ぎで1839年に青少年の就業に関する法律を定めた。これにより、9歳以下の子供の工場労働は禁止され（家内労働、店員、農業は除外）、16歳以下の青少年については1日最長10時間（そのうち昼休み1時間）まで働かせてよいが、21時から翌日5時までの深夜労働が禁止された。だが、この法律に違反した場合の罰金は決して厳しいものではなかった。初めての違反は5ターラー、2回目のときは最高で50ターラーとなっていた。当時の成人男性の年間賃金は80ターラーで、青少年のそれは30ターラーであった。賃金に罰金をたしても雇い主は元がとれたのである。実効性の乏しいものであったにしても、40年以降ドイツのほかの地域でも、青少年保護のための法律が順次制定されていった。当時の青少年保護政策は、人道的見地というよりも、国家の役に立つまで（つまり兵役まで）重労働などで健康がそこなわれないようにすることが主眼であった。社会福祉政策は富国強兵政策の一部になっていたのである。

子供のいる家庭は不利

ドイツではベビーブーム世代（1948年から68年に生まれた人たち）が、今後30年の間に相次いで年金受給年齢に達する。人口統計によれば、これに続く世代は前の世代よりも3分の1減少し、その後の世代はさらに3分の1少なくなる。これにより1人当たりの社会保険負担が増大し、経済活力が低下すると予想されている。この関連で移民政策も検討されている。

このような少子化の一因は、子供を持つ家庭が経済的に不利になるような政策にあると指摘する人もいる。ドイツの税制では子供の数はほとんど配慮されていない。そのうえ消費税やガソリン税などの間接税が引き上げられ、1999年からはエネルギー・環境税が導入されて、子供を持つ家庭の負担は増大した。子供のいる家庭では当然エネルギーの消費量が多くなるうえ、さまざまな消費財に対する需要が大きいからだ。過去に児童手当は引き上げられてきたのだが、そのたびに幼稚園を運営する自治体は料金値上げを行うので、児童手当引き上げの恩恵は小さい。また、家族が多いから広めの住宅が必要になり、家賃の高い市内よりも郊外に移らざるをえず、したがって通勤時間が長くなる。何度か税制改革が行われたが、個々のケースで計算してみると、税の軽減は子供のいない世帯のほうが子供のいる世帯よりも大きくなった。例えば、税込み年収3万ユーロ（約420万円）の場合、シングルだと税金や社会保険料などを引いた手取り収入は1万8千ユーロ（約252万円）ほどになり、これから生活に最低限必要とされる経費約7600ユーロ（約106万円）を差し引くと1万ユーロ程度（約140万円）残る。これに対して子供が2人いる世帯では手取り収入が2万5672ユーロ（約359万円）、これから家族4人の生活費などを差し引けば1272ユーロ（約17万8千円）の赤字になる、という計算もある。

加えて月収400ユーロ（約5万6千円）以下のパートタイムに関する法律の改正で、雇用主に社会保険料納入が義務づけられて負担が増大したために、この分野での雇用が減少した。子供を持つ女性にとって家計を助けるのに重要なパートタイム収入が打撃を受けたのである。そして、月収400ユーロを超える仕事をすれば、安くはない税金と社会保険料を支払わなければならず、おまけに世帯収入が増えたことで収入高に連動する保育園や幼稚園の料金も高くなる。

子供は社会への投資であり、投資は税制上通常は免税扱いであるのに、子供を持つのは個人的な楽しみとみなされている、という批判の声がある。それでいて、子供が大人になって働き始めれば、税金や社会保険料を通して社会のものになってしまうというのだ。

貧富の格差

政府の報告書によれば、貧困層の割合が1998年の12・1%から2003年には13・5%にまで上昇した。1100万人以上が貧困状態にある計算になる。この報告書の定義では、平均収入の60%以下の世帯を貧困層としており、金額でいえば月額938ユーロ（約13万円）以下ということになる。その主な原因は失業にあり、雇用政策と景気対策が必要であると報告書は結論づけている。ただし、EU諸国の中では、ドイツはデンマーク、スウェーデンについで貧困層が少なく、EU平均を下回っている。これとは別に、その国の平均的な世帯所得の50%以下という基準では、日本の貧困率は10年前の8%台から15・3%に上昇してきており、OECD加盟諸国の平均は10・2%、米国では17%となっている。

また、ユニセフの調査によれば、ドイツで貧困層に属する子供（18歳未満）の割合は10・2%で、その数は約150万人になる。ちなみに、日本では14・3%であった。この調査では、2001年時点で、それぞれの国で平均収入の50%に満たない家庭の子供を貧困層として計算している。ドイツではこの額が月額725ユーロ（約10万円）となる。

この貧困層に属するのは主にシングルマザー世帯の子供であるが、ドイツの特殊事情もある。1990年代に東ヨーロッパ諸国からドイツにやってきた移民家庭の子供たちの多くが貧困状態に陥っているのである。この調査結果を受けて、ばらまき型の福祉政策ではなく、イギリスやスカンジナビア諸国のように、低所得層に重点をおいて国の支援策を行うべきだ、とする意見がある。

ドイツ人の所得：税込み月間所得の比較

（単位：万円）

M. シューマッハ（F1レーサー）	6億7,000
J. アッカーマン（ドイツ銀行頭取）	1億3,860
M. バラック（サッカー選手）	9,310
一流女性ファッションモデル	8,680
アディダス社社長	4,830
ドイツ・ポスト社社長	3,920
メルケル連邦首相*	285
シュトイバー・バイエルン州首相*	254
ケーラー連邦大統領*	249
シュミット連邦保健大臣*	242
ラメルト連邦議会議長*	207
プラツェック・ブランデンブルク州首相*	170
有名女性キャスター	140
大学病院勤務医（30歳）	47
電機会社社員（33歳）	46
ドイツの平均給与	33
市の道路清掃員（39歳）	22

＊については諸手当は等は含まれていない

推計によれば、ドイツ国内で住むところのない人の数は2003年現在約37万5千人で、路上生活者は約2万人とされている。住居のない人の実に約25％が28歳以下であり、若年層における増加が憂慮されている。ホームレスになる主因には、最近の傾向として、安価で良質な住宅の不足があげられている。失業が即ホームレスへとつながるものではないということである。したがって、安価な住宅が不足している都市でホームレスが増加している。

その一方で、世帯当たりの資産は1998年から2003年にかけて17％も拡大し、資産額は平均で13万3千ユーロ（約1862万円）で、その資産の75％は不動産である、とドイツ政府の報告書は指摘している。ドイツ国内の資産の東西格差は縮小する傾向にあるが、それでも東部ドイツの平均資産額が6万ユーロ（約840万円）であるのに対し、西部ドイツのそれは14万9千ユーロ（約2086万円）に達している。ただ、資産の増大率を見れば、東は63％で、西は19％となる。しかしこれはあくまでも平均値であって、資産の分布状況には偏りがある。富裕層と呼ばれる上位10％の世帯が、ドイツの個人資産の47％弱を所有しているのである。この層の資産は98年から03年の間に29％も増加し、平均で50万4千ユーロ（約7056万円）から62万4千ユーロ（約8736万円）へと増えた。ある研究機関の調査では、若い金持ちはドイツ南部に住み、年配の金持ちは北部に住んでいるという。所得状況を調査した結果、20歳～29歳の年代ではミュンヘンを中心に高所得層が暮らしており、65歳以上ではハンブルクであった。全国平均で最も収入の高い年齢層は40歳～49歳で、50歳～59歳がこれに続いている。そしてこの50歳～59歳の年齢層で所得の東西格差が最も大きかった。

生活に困っている人たちのために

ドイツの生活保護（社会扶助と呼ばれている）は、何らかの理由で働いて収入を得ることができず、困窮状態にある人々に対して、経済的援助を与え、一日も早く働けるようにするための、いわば自助努力を促す措置であった。導入当時の1963年は受給者数58万人で、人口の約1％に過ぎなかったが、2002年にはこれがそれぞれ276万人、3・3％にまで膨れ上がった。当初は受給者の28％が65歳以上の高齢者であった。最近では1人で子育てをする母親（母子家庭）の4人に1人が生活保護を受けている。また、外国人の割合も高く、受給者の8・4％が外国人であった。

働くことを念頭においたこの社会扶助は、その性格上、労働市場改革の一環として2005年に失業扶助（失業手当ではない）と統合されて「失業手当Ⅱ」へと移行した。これについては、後述の労働市場改革の項で詳しく述べることにする。これに対して、基礎保障は、高齢者や健康上の理由から働くことが困難な人たちを対象に、生活費の不足分を補完するための制度で、2003年に導入された。その給付にあたっては、申請者が生活していくうえで必要な費用を計算し、これから年金などの社会給付を含めた収入を差し引き、生活費の不足分だけが支給されるのである。申請できるのは、満65歳以上の高齢者や健康上の理由から継続的に仕事をすることができない満18歳以上の成人である。またこの制度では、社会扶助と違って、親や子供の財産・収入状況は問われないので、心理的にも申請しやすくなっている。ただそれでも、親または子供の年収が10万ユーロ（約1400万円）を超えると申請できなくなる。この制度の財源は税金で、地方自治体が運営している。基礎保障の支給期間は1年間で、これが終了したらまた新たに申請しなくてはならない。

さまざまな被害を受けた人たちのために

社会的補償の対象となるのは、戦争犠牲者、暴力犯罪の被害者、兵役・代替役務で負傷した人、予防接種の被害者、旧東ドイツで不当判決を受けて収監され健康被害を受けた人などである。これらの人たちが受けた被害を少しでも和らげるために、経済的援助が行われる。本人が死亡している場合は、その配偶者または子供が受け取ることになる。

そのなかで中心となるのが戦争犠牲者援護制度である。これは、軍人・軍属として、あるいは一般市民として、戦争の直接的影響により健康上および経済的に被害を受けた人々の救済のため、援護給付を支給するものである。給付には、治療費支給、家計援助、介護援助、傷病手当（就労不能の場合）、社会復帰のためのリハビリ、本人または遺族（親、配偶者、子供）への年金などがある。

暴力犯罪の被害者に対しても同様の給付が行われる。ドイツ国内、ドイツの船舶や飛行機の中で暴力犯罪による健康被害を受けた場合が対象となる。93年の法改正でドイツに正規の形で長期間居住している外国人にも適用されるようになった。滞在期間によって給付の内容が決まる。外国人観光客や訪問者に対しては、苛酷調整規定という特別規則が適用されて給付が行われる。

ナチスと旧東ドイツ政府の犯罪

ドイツはナチスの迫害を受けたユダヤ人などに対し、第二次世界大戦後に個人補償を中心として総額約500億ユーロ（約7兆円）の補償を行った。戦後の東西冷戦のなかで補償協定のなかった旧ソ連・東欧在住のユダヤ人に対しても、再統一後は同様の補償が受け取れるよう基金を設立した。その一方、米国在住のユダヤ人を中心に、ドイツ系企業を相手取ってナチス時代の強制労働に対する補償を求める訴訟が相次いで起こされた。長い交渉の末、ドイツ政府と企業が出資して基金を設立し、補償にあてることで解決した。

ドイツは過去への反省から「ナチス」に関して非常に厳しく対処している。ナチス式の敬礼、ナチスの象徴のハーケンクロイツ（カギ十字）、ヒトラーの著書などを法律で禁じているし、ナチスによるユダヤ人大量殺戮で知られるアウシュヴィッツ収容所を「捏造」だと公言する人は法律で罰せられることになっている。

西ドイツは、大戦時の残虐行為に対しても刑法を適用していたが、１９７９年の法律改正によって殺人を伴う戦争犯罪については時効が取り消され、いつまでも追求していくことになった。ドイツには現在でもナチス追及センターがあって、ここにはナチス犯罪捜査のための資料が保管されている。50年以来、９万人以上が起訴され、そのうち約６５００人が有罪判決を受けた。捜査当局による追及は今も続いており、情報提供者への報奨金を設定しているケースもある。

２００１年4月には、最後のナチス戦犯といわれた83歳の元親衛隊少尉が、強制収容所でユダヤ人を射殺した罪で禁固12年の実刑判決を受けた。翌年の２００２年には、強制収容所でユダヤ人を殺害したとされる89歳の元看守に終身刑が言い渡された。ちなみに、ドイツをはじめとするEU諸国では死刑は廃止されていて、終身刑が最高罰となっている。

旧東ドイツ時代の不正と犯罪の追及も、厳しく行われている。旧東ドイツは秘密警察である国家公安局を中心に、国内にスパイ網を作り上げていた。体制を批判する人たちを密かに調べ上げ、心理的圧迫や暴力を加え、刑務所に収容したりしていた。スパイ網は日常生活のあらゆる分野に及び、６００万人以上が監視され、密告された。公安局の職員だけでなく、身近の知人や友人が密告者ともなっていたのである。このような抑圧や人権侵害による後遺症を引きずっている人たちがなおたくさんいる。この人たちに対する名誉回復と補償も進められている。

旧東ドイツの国家元首であったホーネッカーは、自由を求めて西側へ越境しようとした人たちを射殺する命令をだした罪で、統一後に裁判にかけられた。しかし重病を理由に拘束を解かれ、娘の暮らすチリに出国し、94年にサンチアゴで死んだ。また、東ドイツ国境警備隊のかつての隊員がやはり越境しようとした市民を射殺した罪で、有罪判決を受けた。そして最近では、東ドイツ最後の国家元首であったクレンツが、ホーネッカーと同じ罪に問われて刑務所に収監された。

戦争で故郷を失った人たちのために

1945年5月8日のドイツ無条件降伏により、ドイツ自らが引き起こした第二次世界大戦は終結した。戦争中にソ連はポーランドの東部を占領し、戦後これを自国の領土とした。その代償として、ソ連はポーランドにドイツ帝国の東部地域を与えたので、ドイツは国土を大きく失った。その結果、旧領土や東ヨーロッパに住んでいたドイツ人はいっせいに故郷を追われ、廃虚となったドイツへと向かった。このようにして追い立てられた人々の数は、1950年までに1400万人以上に及び、そのうち約770万人が西ドイツに、400万人が東ドイツにやってきたが、210万人は途中で行方不明となったり、飢えと寒さで死んだりした。このほかに、約260万人は住んでいたところにそのままとどまったが、ナチス・ドイツの生き残りとみなされて差別を受けたり、迫害されたりした。これらの人々も戦後少しずつ西ドイツに移住してきて、その数は97年までに子孫も含めて約380万人となった。

そして、89年のベルリンの壁崩壊とソ連の解体により、故国ドイツに移住してくる人の数が爆発的に増大し、1年間だけで40万人近くになった。この中には、かつてロシアに殖民していったドイツ人の子孫もたくさんいた。戦争により故郷や財産や生活基盤を失ったこれらの人たちの損失に対し、経済的に少しでも埋め合わせできるように、西ドイツ政府は1952年に負担調整法を制定して、生活援助やさまざまな形の年金を支給し始めた。これは世界においても前例のないことである。給付対象者には、戦後の西ドイツで実施された通貨改革により預貯金などの蓄えに損害を受けた人々、そして共産圏となった東ドイツに全財産を残したまま自由と繁栄を求めて西ドイツに亡命してきた人たちも加えられた。東ドイツからの亡命者数は延べ440万人に達し、89年だけでも約34万4千人であった。負担調整法自体は92年にその使命を終え、関連の措置は別の新しい法律に引き継がれた。

キリスト教と慈善の伝統

ドイツの社会福祉の伝統を理解するうえで重要なのは、ドイツ社会と文化の根幹をなすキリスト教の考え方である。教会はさまざまな形で福祉に関わり、社会福祉の礎を築いてきた。

人々の信仰心が強かった中世では、貧しい人たちのための寄付が盛んに行われていた。キリスト教の死生観では、人は死後にあの世とこの世の中間にある「煉獄」に行く。死者の魂はそこで煉獄の業火に焼かれる。この試練をくぐりぬけ、魂が清められて初めて天国に行ける。生存中の罪が深いほど煉獄の業火に焼かれる期間が長くなる。しかし、この世に残っている家族や聖職者の祈りにより、煉獄での苦しみの期間を短くすることができる。死者のために祈る人が多ければそれだけ効果があるとして、中世の人々は日頃からできるだけたくさんの施しや寄付を行い、死後の自分の魂の救済を祈ってもらうようにしたのである。

その寄付の仕方としては、例えば、毎週日曜日に貧しい人々に豆とニシンを配ったうえで何がしかの小遣い銭を与えたり、病気と高齢により困窮にある人々に現金、パン、衣類、靴を分け与えたりすることなどであった。この施しを受けた人たちは、その返礼として、寄付した人とその家族の魂の救済を祈るよう求められた。このほかに、個人が福祉施設（シュピタール）を寄贈・設立することもあった。これら私立のシュピタールは小規模ではあったが、数の上では教会や公営のものよりずっと多く、また重要であった。そこでは、入所者に衣食住が提供され、その返礼として寄付した人のために神に祈ることを義務づけられていた。さらには、一年を通して毎日交代で寄付した人の墓参りをし、命日には入所者全員が墓参するとか、お祈りの時には寄付した人が指定しておいた聖書の一節を何回読み上げるべしとか、さまざまな規則があった。

この死者のための祈り「代願」は、中世の人々にとっては切実だったようで、13世紀の頃からは遺言書の中に明記されていた。遺言書は当時にあっては宗教的行為の一部であり、信仰に関わる部分と家族への遺産分割部分から成り立っていた。遺産のほんの一部が家族などの相続人に渡るだけで、大部分が寄付された。家族だけでなく、寄付や施しを受けた人に対しても、煉獄の業火の中にいる自分の魂の救済のため、ミサをいつどのように行うべきか、遺言書の中で事細かく決めておいたりした。

遺産を教会に贈る場合、遺言者と教会は「代願」の詳細を契約として取り交わしていて、その契約を変更することは基本的に不可能であった。生存中から礼拝と寄付をせっせと行い、死ぬ時には「天国への入場券」を遺贈によって手に入れ、永遠の生命を確保しようとしたのである。

このような寄付をするのは、当然のことながら、主に裕福な人たちであった。ただ、寄付対象者の選定基準があいまいなうえ、委託を受けて寄付を実行する教会や公的機関相互の連絡も悪かったので、同じ人が二重三重に恩恵にあずかることも多かった。個人による寄付や教会による慈善活動が盛んだった中世には、これを当てにして生活している人々がいた。教会はキリスト教の隣人愛の原則と人を裁いてはいけないという戒律から、困窮の有無やその度合などにはおかまいなく施しを行っていた。中世末期には、教会が物乞いに対し無条件に理解を示し、甘やかしているとの批判が高まった。こうした教会の対応への不満から、市に寄付をして施しが系統的に行われるようにする市民が増加した。

ところが、宗教改革により、魂の救済に関する考え方が批判され、喜捨の意義が薄れていくにつれて、遺言書が変質してきた。16世紀末頃からプロテスタント地域の上流層、特に大都市の教養の高い富裕層において、遺言書は自分が亡き後の家族の生活を考え、それに備えるための行為へと変わっていった。カトリック地域では18世紀になってその傾向を強めていった。

プロテスタント信者の間では、勤勉は美徳であり、それによって得た財産は神からの祝福であると考えられた。この財産を一層増大させるには勤勉と節約が不可欠であって、人間は利益のほんの一部だけを自らの楽しみに使うことが許され、大部分は仕事のために使わなくてはならないとされた。投資と資本の蓄積が推奨されたのである。

こうして遺言書は完全に世俗的なものとなり、魂の救済という意味は失われた。寄付、施し、追悼ミサに関する条項は主要部分から外され、教会や貧しい人々への寄付によって魂の救済と永遠の幸福を得るという目的で、遺言書が作られることは少なくなった。子孫が経済的に不自由なくに暮らせるよう始末しておくことこそが、あの世における魂の平穏であると考えられるようになった。

フッゲライ——貧しい人たちのための住宅

かつて豪商と呼ばれた富裕市民たちは活発に寄付を行い、その規模は大きかった。教会や修道院を建設したり、教会に絵画や彫像を寄進したり、困っている人々のための施設を造ったりした。もちろんこの寄付の背景には、敬虔なキリスト教精神の発露とともに、自分のみならず子孫の魂の救済を願う心があった。さらに当時は、金持ちというだけでは社会から尊敬されず、「喜捨」という形でシュピタールや修道院を造って初めて、社会的評価を受けたのである。「持てる者」は社会的責任も果たすべきだという考え方は現代ヨーロッパにも受け継がれていて、金持ちが多額の寄付をしたり、基金を設立したりして社会に貢献しようとする姿が見受けられる。

ドイツでの典型的な例として挙げられるのが、アウグスブルクのフッガー家である。フッガー家の創

現在も使われているフッゲライ

始者はマイスター資格を持つ織工であった。織物の取引を足場に富を築き、各地の鉱山（銀、銅、岩塩など）を経営し、銀行業にまで事業を広げ、16世紀初めには当時最大の銀行家となった。神聖ローマ帝国皇帝やローマ教皇などと親密な関係にあり、彼らの財政難にあたって何度も融資を行うなどして、事業をさらに有利に進めることができた。フッガー家は16世紀に最盛期を迎え、その後は次第に力を失っていったが、その家系は現在も続いている。

フッガー家もほかの豪商のように、その富の力で文化財として価値の高い建築物、教会を飾る美術品、大規模な図書館、美術品コレクションを残した。その中でひときわ異彩を放っているのが、アウグスブルクの貧しい人たちのために建設した長屋形式の住宅群である。これはフッガー家の名にちなんで「フッゲライ」と呼ばれ、現在でも住居として利用されている。このような形で救貧施設を造るのは、ドイツでは14世紀あたりから富裕層の間で広まっていった。

フッゲライは、貧しい日雇い労働者や手工業者のために、フッガー家の当主ヤーコプ・フッガーが1517年にアウグスブルクの町中に建設を始めた低家賃の住宅群である。完成後はこれを寄付して財団を設立し、運営にあたらせた。これもやはり、フッガー家の人々やアウグスブルク市民の死後の魂の救済を願って寄進されたものであり、ここに住む人たちは信仰心厚く毎日祈りをささげることが義務づけられた。1517年当時21戸（居住者42人）で始まったフッゲライは、その後も拡張工事が行われ、現在では67戸（140人）にまでなっている。家賃は年間1ユーロ（140円程度）に満たない。1681年から93年までの間、大作曲家W・A・モーツァルトのひいおじいさんがこのフッゲライに居住し、ここで亡くなっている。

福祉の町ベーテル――市民による慈善活動

19世紀半ばのドイツで産業革命が進むなか、貧困などで社会の底辺に追いやられた人々、特に障害を持った人々のために新たな故郷を創る目的で、1867年に牧師やプロテスタント信者が中心となって、ルール工業地帯の北東の町ビーレフェルト近郊に福祉施設が建設された。農家を買い取って始まったこの施設は次第に規模を拡大していき、74年に「ベーテル」と名づけられた。「ベーテル」とはヘブライ語で「神の家」という意味である。現在は3・5平方キロメートルの敷地に病院、保養所、福祉施設、小中学校、専門学校、作業所、神学学校、住宅などを備えた複合施設となっていて、小さな町のようである。

「福祉の町」ベーテルでは、癲癇、知的障害、精神病の人々など1万5千人以上が、世話をしてくれる職員とその家族とともに生活している。創設以来ここでは、キリスト教の信仰に支えられた健常者（聖職者、教会関係者、医師、看護師、教師など）が共に暮らしながら、障害者や社会的に恵まれない人たちができる限り自立して生活できるように、援助の手を差し伸べているのである。この施設の活動はたくさんのボランティアや有志にも支えられている。ドイツ内外から年間約34万人の人々がベーテル財団に寄付を寄せ、それがベーテルの運営資金の一部になっている。1993年にはドイツ公式訪問のなかで美智子皇后がこのベーテルを訪れている。

現代でも活発な寄付・慈善活動

代願のための喜捨（寄付）がほとんど行われなくなっても、隣人愛を説くキリスト教の精神は受け継がれ、良い伝統となり、さまざまな形で実行されてきている。

ドイツでは現在でも、キリスト教の伝統と精神に支えられて、個人による寄付・慈善活動、遺贈、基金設立などが活発に行われている。国内外での災害や事故が発生するとすぐに募金活動が開始され、国民各層からたくさんの義援金が集まる。テレビニュースなどでも、災害のニュースの後に募金口座を示して寄付を呼びかける。

個人レベルでよく行われる慈善活動の好例として、まず挙げられるのはクリスマスの時期のものである。この時期には、キリストの説いた隣人愛を実践するため、慈善活動が特に活発になる。キリストの誕生を祝うクリスマスは、普段は離れて暮らす家族が実家に集まってごちそうを食べたり、プレゼント交換をしたりして楽しく過ごす家族のお祭りである。クリスマス前の1ヶ月間はドイツ人の財布のヒモもゆるみ、商店では年間売り上げの半分がこの期間に集中する。このように街が華やぎ、家族が楽しくしているなかで、1人寂しくクリスマスを過ごす人たちのことを思い、孤児院などの施設や病院、ホームレスの人々などを訪問してクリスマスプレゼントをあげたり、クリスマスパーティーに招待して一緒に過ごしたりする人は少なくない。また、教会でのクリスマスミサの際に多額の献金をする。ドイツでは一般に5人に2人が何らかの寄付を行い、個人による寄付金の合計が年間30億ユーロ（約4200億円）前後にのぼる。このうちの4分の1がクリスマスの時期に行われているとされている。

ドイツのお葬式では、日本のように香典など現金のやり取りはしない。花輪を持ってくるのが一般的であるが、その代わりに告別式のお知らせの中で故人の遺志として慈善団体などへの寄付を呼びかけることも少なくない。その場合でも、参列する人が自ら慈善団体の口座に寄付金を振り込むのであって、現金を持ってくることはない。

こうした個人の寄付が民間福祉団体のさまざまな活動を支えている。これらの寄付は税制面でも優遇されていて、教会、宗教団体、公益施設などへの寄付については総収入の5％まで所得税が控除され、また財団法人への遺贈や寄贈には税金が課せられない。

慈善活動に限らず、ドイツでは日常的に助け合いの精神が息づいている。交通機関では、人々は弱者には席を譲るし、車椅子の人やベビーカーの親子の乗降には誰となく積極的に手助けをする。言われるまで何もしないというのではなく、ハンディを負っている人が困っていれば積極的にそして反射的に行動に移る。

11億円寄付は虚栄心の表れ

2004年12月、スマトラ沖大地震による大津波で、日本人やヨーロッパ人を含む多数の犠牲者が出た。この悲報にヨーロッパでは各地で大規模な募金活動が行われた。ドイツでもテレビ局主催の募金コンサートがあった。その放送中に有名人や一般の人々が寄付を申し出たが、そのなかでドイツ人の有名F1レーサーが1千万ドル（約11億円）の寄付を申し出たのである。このニュースはその日のうちに世界中を駆け巡ったが、これに異議を唱えるドイツの政治家がいた。それは当時の社民党党首だ。「普段（ドイツでは）税金を1銭も払わない人間が1千万ドルを出そうというのは、私には好ましいことに思えない。むしろお金をあまり持っていなくとも、50セント（約70円）でも2ユーロ（約280円）でも寄付しようという人のほうが好きだ」と述べ、高額の寄付をマスコミを通して知らせるのはF1レーサーの虚栄心の表われであると批判した。

実際、このレーサーは税金の安いスイスに住居を移しているので、ドイツでは税金を払ってはいない。彼に限らず、ドイツでは金持ちや企業のオーナー経営者などが、税金の安い隣国に現金資産や住居や本社を移すことがよくある。しかしそれでもなお、虚栄心にしては11億円はいかにも高額すぎるし、彼よりも金持ちの人がこれ以上の寄付をしたという話も聞こえてこない。いずれにしろドイツでは、金持ちに対するやっかみや妬みが強いのも事実である。

募金活動に関して、別の計算をしている人もいる。ある州の財務大臣は、ドイツにおける募金・寄付が多額に及んだために、9千万ユーロ（約126億円）の税収が消えてしまったと、ソロバンをはじいている。

その計算によれば、大津波に関連してドイツでは約4億ユーロ（約560億円）の寄付金が寄せられたが、このうち1億2千万ユーロ（約168億円）は直接募金箱に入れられるか、年金生活者やドイツで納税義務のない（つまり国外に居住する）金持ちのドイツ人によるもので、いずれにしろ所得税の計算対象とはならない寄付金である。残りの2億8千万ユーロ（約392億円）については、寄付金分が所得税課税に際して控除を受けられるので、その約30％、つまり9千万ユーロの税収不足が生じたというのだ。募金活動の裏でこんな計算をしてしまうとは、ドイツ人の面目躍如というところである。

聖エリザベート―貧しい人たちのために尽くした貴婦人―

聖エリザベート（1207年～31年）はドイツ人の聖人の中でも偉大な人として尊敬されており、その短い生涯のなかで彼女が行った活動は現在でも忘れられてはいない。

ハンガリー王の娘エリザベートは4歳の時に、親の決めた11歳の許婚ルードヴィヒが住むチューリンゲン・アイゼナハのヴァルトブルク城に移り住み、そこで教育を受けた。エリザベートが14歳の時に二人は結婚した。

チューリンゲン方伯夫人（方伯は伯爵と大公の間の爵位）となったエリザベートは3人の子供をもうけたが、質素な暮らしを信条とし、貧しい人たちのために熱心な活動を始めた。当時は忌み嫌われていたハンセン病患者の介護をしたり、孤児を引き取って面倒をみたりした。1225年の大飢饉の年には城の倉庫に貯蔵されていた穀物を貧しい人たちに分け与えたので、かえって城内の食料が不足してしまうほどであった。このようなエリザベートの行動は、夫の理解はあったものの、城内の人間から白い目で見られ、非難や中傷を受けた。

そんな周囲の反発にもくじけることなく、困っている人たちを助けたエリザベートにまつわる「奇跡」が数多く伝えられている。その代表的なものは「バラの奇跡」として知られているものである。

エリザベートがパンをカゴにいっぱい詰め、それを外套で隠して城内からこっそり運び出して、貧しい人たちのところに持って行こうとした時、夫の方伯が馬で通りかかり、外套の中に何を隠しているのかを尋ねた。エリザベートは、途中の道端でバラを見つけたので、それを摘んで病気で寝ている人たちにあげようとしているところだと答えた。妻の話を完全には信じられない夫は、外套を開けて見せるよう促した。もうこれまでと覚悟を決めたエリザベートが外套を開けると、そこには本当にバラの花がカゴに入っていた、ということである。

1227年、夫ルードヴィヒ方伯は十字軍に参加し、遠征途上で病を得てその地で亡くなった。夫の死後エリザベートは、国の金を貧しい人たちへの施しに浪費してきたという理由で、新たに城主となった夫の弟により3人の子供とともにヴァルトブルク城を追われ、住むところもなく一時ブタ小屋で生活していたとされている。その後マールブルクに移り、修道院に身を寄せ、厳しい清貧生活を送り、家々を物乞いして回ったりした。後に夫の財産の一部を相続すると、1229年にマールブルクで病人や貧しい人たちのためのシュピタールを設立して、自らもそこで貧しい人たちの世話をした。だが、貧しい人たちのために尽くしてきた長年の無理がたたって、1231年にわずか24歳で亡くなった。その4年後には、ローマ法王がエリザベートを聖人の列に加えた。

聖エリザベート：「バラの奇跡」

Ⅱ

社会保険制度

社会保険5本の柱

社会保障の分野ではヨーロッパが世界をリードしてきた。それは産業革命と無縁ではない。産業革命により従来の大家族制を基盤にした生産・経営形態が後退し、人々は機械化された工場に雇われ、賃金労働者として外へ働きに出るようになった。これに伴って核家族化が一層進んだ。子供は比較的早くに親から独立したが、経済的に独り立ちして家庭を持てるまでには時間がかかったので、結婚年齢は高く、未婚者の割合も高かった。そのため、家族に頼らない社会保障システムに対する需要が大きかったのである。

ヨーロッパの中でも、ドイツは1883年から世界に先駆けて社会保険を順次導入していった。これは当時の「ドイツ帝国」（1871年～1918年）の宰相ビスマルクが中心となって行った改革の成果である。この改革は画期的なもので、当時の先進国イギリスやフランスにも社会保険と呼べるものはまだなかった。

工業化に伴って人口が都市に集中し、貧困は拡大の一途をたどった。従来までの教会による慈善活動、寄付、ツンフトなど職業集団の自助組織がもはや有効に機能しなくなっていた。都市の貧困問題はあまりにも深刻で、飢餓や社会不安が革命の温床になるのではと危惧されていた。この状況を打開するには、国の支援、国による包括的政策が必要であった。ビスマルク首相は社会主義者鎮圧法で労働者の政治活動や労働運動を抑圧する一方で、社会保険（医療保険、労災保険、障害・老齢年金保険）の創設によって大衆の貧困を和らげ、労働者の国家への忠誠心を呼び起こそうとした。81年の帝国議会選挙で左翼政党が躍進したのに危機感をつのらせ、ビスマルクは皇帝ヴィルヘルムI世の勅令を通じて労働者福祉のための社会保険創設法案を帝国議会に提出した。白熱した議論の結果、医療保険が83年に、労災保険が84年に、そして年金保険が89年に成立したのである。

社会保険の4本目の柱「失業保険」がドイツで導入されたのは、1927年のことである。だが、失業保険に関しては、ドイツは先駆者ではなかった。その16年前にイギリスがすでに創設していた。

1994年には、公的介護保険が社会保険の5本目の柱として誕生した。19世紀以来、病気、事故・災害、老齢、そして失業という人生における重大なリスクに対処するため、ドイツは100年以上にわたって社会保険を整備してきたが、111年目にして「要介護状態」への備えが社会保険として加わったのである。ドイツを手本として社会保険制度を整備してきた日本は、やはりドイツにならって2000年に介護保険を導入した。

世界に先駆けた公的医療保険

ドイツの公的医療保険制度は、世界に先駆けて、しかもドイツの社会保険の先陣を切って、1883年6月15日に帝国議会で決定された。

当時すでに、商人、手工業者、職人、鉱夫、工場労働者などによってさまざまな共済金庫が作られていて、仕事仲間の病気、障害、老齢、貧困、死亡などの際に幅広い支援活動を行っていた。1876年当時、ドイツ企業の約４８５０社が何らかの社会福祉制度を持っていた。製造業分野では共済金庫が国内に２６００ヶ所あり、70万人をカバーしていた。特に、歴史のある鉱山労働者金庫は88ヶ所、加入者数25万５４００人で、ほとんど全員が加入していた。このほかにも、困窮者対策費削減を目指した自治体、手工業や鉱業の同業組合、工業以外の業界などによる共済金庫があり、労働者の35％にあたる約１８４万人が加入していた。しかしこれらの保険制度は網羅的ではなく、不備な点も多々あり、給付も不十分なものであった。

これらの金庫を整備・再編成し、さらに新たな金庫も加えて、８種類の疾病金庫が公的医療保険の保険者となった。それは、地区疾病金庫、企業疾病金庫、同業疾病金庫などである。これは後に5種類に改組された。従来の共済金庫と相違する点を挙げれば、給付水準を全国一律に規定したこと、雇用主の保険料拠出義務を法律で定めたことなどである。労使の拠出割合（２対１）に応じて、疾病金庫の理事会などにおける委員構成を明確に定めたことで労働者側の発言権が強まった。共済金庫にまでさかのぼる原則、すなわち、労使が疾病金庫の当事者として医療保険事業を共同で管理運営する当事者自治、組合方式による組織構造、財源の拠出と給付の仕組みは、医療保険の伝統として今日に至るまで一貫して維持されてきている。

新しくできた公的医療保険にはすべての労働者（ブルーカラーすべてとホワイトカラーの大部分）が強制加入し、保険料は労働者が3分の2、使用者が3分の1を負担する。保険料率は６％を超えてはならないとされ、２％前後にする疾病金庫が多かった。加入者数は１８８５年当時約４３０万人（全人口の約10％）であったが、1911年には1千万人となり、全人口の18％に達した。

最低限度の治療費と薬剤費が給付され、本人負担はなかった。就労不能に際しては平均賃金の50％相当の傷病手当を最長13週間受けられるが、対象となる賃金そのものはもともと低かった。1903年に医療保険の傷病手当が大幅に改善され、支給期間が13週間から26週間に延長され、27週目からは障害年金の給付が始まることになった。出産時の医療給付と出産後3週間にわたる出産手当支給もあった。出産手当は傷病手当と同額で、1892年には支給期間が4週間に、1908年には産後6週間を含む産前産後計8週間にまで延長された。労働者本人の入院費は疾病金庫が支払うが、病気の家族に対する給付はなく、疾病金庫から補助金が出るくらいだった。死亡に際しては家族が疾病金庫から埋葬費を受け取る。給付項目の中では傷病手当を受ける割合がもっとも多かった。

現在の医療保険制度

現在では、ドイツ国民の90％、約7200万人が、公的医療保険に加入している。残りの人たちは、民間の医療保険に加入しているか、公務員（官吏）のように補助給付制度でカバーされているかである。全人口の0・3％が何の医療保険にも入っていない。

医療保険は、日本の健康保険がドイツのものを参考にした経緯から、基本的には日本と大差はない。一定の所得額までの人々は医療保険に加入する義務があり、これを超える人は任意に加入することになる。加入すれば本人だけでなく、働いていない配偶者と子供も一緒に加入することになる。保険料は労使折半で負担し、保険料率は平均で14・3％である。病気の治療に関わる一部の費用については一定の自己負担がある。しかし、18歳以下の子供、失業者、低所得者などには、自己負担が免除される措置がある。

裁判官、軍人、聖職者、その他の官吏は医療保険に加入する義務はない。医者にかかった場合は国から十分な医療費補助が支給される。ただし、これに加えて任意に医療保険に加入することはできるが、保険料に使用者負担分はない。

大学生は保険料が低く抑えられた学生用の医療保険に入らなくてはならない。外国人の学生も同様で、滞在許可（ビザ）更新の時に保険加入証明書の提出を求められる。授業料のかからないドイツでは学生生活を長く（10年以上）楽しむ者が少なくない。そして、在学中に結婚し、さらに子供ができたりするが、医療保険料は相変わらず学生対象の低額の保険料を支払っている。各種学割や低額の学生用保険という優遇措置を受ける大学生が多いほど、そして在学期間が長くなるほど、社会保険制度には大きな負担となる。社会保険の財政という面からも、なるべく早く学業を終えて職業生活に入ることが望ましいのである。

ドイツの医者は一般に日本の医者よりも親切である。患者が来れば握手をして迎え、顔を見ながら話を聞き、診察をする。そして、病状や対処法を懇切丁寧に説明してくれる。ただ、ドイツ人より小柄な日本人に対しても、ドイツ人と同じ容量の薬を処方することがある。指示どおりに飲むと、日本人には量が多すぎて意識がもうろうとしたり、寝込んでしまったりすることもある。

ドイツで特徴的なものにクア（長期保養）制度がある。身体をリフレッシュすることで病気を予防するとともに、健康な身体で仕事を続けられるようにするために設けられた制度である。医者の診断書があれば、温泉保養地でクアを4年ごとに1回3週間（有給休暇）まで行うことができる。治療費用は保険が負担してくれるし、食事を含む滞在費については補助がでる。

疾病金庫にも価格競争

日本の健康保険組合にあたる疾病金庫が医療保険の保険者であり、各疾病金庫が独自に保険料率を設定している。以前は、勤務先や職種によりどの疾病金庫に加入するか決まっていた。1996年以降は職種に関係なく、原則として地域疾病金庫、企業疾病金庫、同業疾病金庫、補充金庫のなかから加入者自身が選択できることになった。これは医療保険に競争原理を持ち込むことを目指したものである。各疾病金庫の保険料率や提供するサービス内容を比較検討してから加入者自身が決める。そして定められた期間内なら疾病金庫を変えることもできる。それで、保険料の安い金庫に老人や病気がちの人たちが続々加入し、給付支出の増大により保険料が引き上げられると、退会して保険料の低い金庫に移っていく人が増えたりする。

2001年時点で、保険料率の高い金庫（地域疾病金庫）と低い金庫（企業疾病金庫）との間に3％の違いがあった。公的医療保険の保険者である疾病金庫は民間の金庫と違い、加入を申し込んだ人は誰でも受け入れることが義務づけられている。ただし、企業疾病金庫は本来企業が従業員のために設立したもので、従業員以外の人の場合は金庫が認めれば加入することができる。それに、すべての企業疾病金庫が全国展開をしているわけではなく、地域限定のものも少なくない。

この企業疾病金庫が「価格破壊」の先頭に立ったのである。若くて健康な人たちを中心に、保険料の低い企業疾病金庫に200万人以上が移った結果、企業疾病金庫では若くて病気をしない人が多くなり、反対に補充金庫や地域疾病金庫では低所得者や病弱の人が大半を占めるようになった。加えて、民間の医療保険へも多くの人が移っていった。そこで政府は、疾病金庫を変更できる条件を厳しくするとともに、疾病金庫間の負担調整制度を改革して、高齢者や低所得者の割合が高い疾病金庫の財政強化のために保険料収入の3分の1を拠出するという制度を導入した結果、価格競争は落ち着きを見せ、疾病金庫間の保険料率の格差は小さくなった。

保険料値下げを先導してきた企業疾病金庫のなかには、倒産の危機に瀕しているものもある。これらの疾病金庫は、長年、医者に対しては診療報酬を気前よく支払う一方で、保険料率を低く抑えては、若く、高収入の人たちを中心に加入者数を増やしてきたのである。だが、こういう人たちでも病気になることもあるし、職を失うことだってあるのだが、こういう事実を軽く考えていたようである。また、負担調整制度に基づく拠出金を低く見積もりすぎていたところもあった。2004年時点での企業疾病金庫の保険料率は、12・2%から14・8%までと開きがある。

疾病金庫の給付内容の約95%は法律で定められているので、保険料の低い金庫の給付が高い金庫よりも悪いということはない。残りの5%の部分で、各疾病金庫が特色あるサービスを提供して、個性を発揮することになる。地域疾病金庫のように大規模な組織を持つものは支店が各地にあって便利であるのに対し、小さい金庫では電話で事務手続きなどを済ませなくてはならなくなる。特別なサービスとしては、外国からでもかけられる24時間救急電話サービス、海外旅行者用医療保険加入無料、イスラエルの死海での皮膚病治療などさまざまなものがある。このように各疾病金庫はあの手この手のサービスで、加入者、特に若くて健康な加入者をつなぎとめようとしている。

収入の高い層には民間の疾病金庫のほうが費用の面でメリットがある。若い独身者だとなおさらである。というのは、民間の場合、保険料は収入の何%というのではなく、一人ひとりの年齢、性別、健康状態によって決められるからである。公的医療保険のように家族加入者という制度がないので、配偶者と子供については別々に保険料がかかる。若くて健康な人の保険料は当然低く設定される。給付内容も、入院時個室使用とか、医科長自身による治療など格段に良い。だがここにも問題がある。一度民間の疾病金庫に入ってしまうと、後で公的医療保険に戻ってくるのがかなり難しくなる。だから大袈裟に言えば、民間の疾病金庫に加入するのは人生設計に関わる重大決定ともなる。結婚して子供ができると、民間の疾病金庫はかなり高いものになってしまうからである。

開業医がいなくなる

ドイツではホームドクターなど近くのかかりつけの医院に行き、診察してもらう。診察の結果、その医院では十分な検査や治療ができないとなったら、医者の紹介状を持って大病院に行く。日本のように、最初から総合病院に行くことはまれである。

このように、地域の医療を担う開業医はドイツにあっては重要なのであるが、最近そのなり手がどんどん減少してきている。仕事とプライベートな時間とがはっきり線引きできる勤務医と違って、開業医はいわば24時間体制の仕事であるから、医学を学んでいる若者の間でもすこぶる人気がない。ある統計では、医学部の卒業生の4人に1人が医者にならず、別の職業に就いているということである。また、開業医に限らず、病院の勤務医になるとしても、仕事の環境が良く、ドイツより高収入を期待できる国（イギリス、オランダ、スカンジナビア諸国など）を希望している医師は少なくないし、また実際これらの国に移住する人も増加している。

このように、若い開業医が増えないうえに、2011年までに2万人以上の開業医が定年を迎えるという。特に、経済発展が遅れ、失業率が高い旧東ドイツ地域の状況は深刻だ。定年で辞めた開業医の医院を引き継ぐ者がいないため、現役の開業医にそのしわ寄せがやってくる。旧東ドイツ地域のホームドクターは、旧西ドイツ地域と比べて、診察する患者の数が平均して8％も多く、1週間の労働時間がゆうに60時間にもなってしまう。これらの開業医が将来定年を迎えていけば、旧東ドイツ地域には無医地域がどんどん拡大していくのではないかと危惧されている。

その一方で、旧東ドイツ地域から旧西ドイツ地域や国外などへと人々が移住していくため、再統一以来この地域の人口減少に歯止めがかからない。このまま旧東ドイツ地域の人口が減り続ければ、たとえ開業医が減っても、医者不足になることはない、とする意見もある。

政府も重い腰を上げてようやく開業医不足対策に乗り出し、開業医奨励のためにボーナスを出せるようにしたり、地域に保健

病院勤務医の年収比較（2002年）

（単位：ドル）

ドイツ	35,000〜56,000
スペイン	42,000〜67,000
デンマーク	49,000〜73,000
スウェーデン	56,000
オーストラリア	59,000〜203,000
オランダ	64,000〜175,000
イタリア	81,000
フランス	104,000〜116,000
イギリス	127,000
アメリカ	162,000〜267,000

医療センターを造って勤務医として働ける機会を増やそうとしている。また、旧東ドイツ地域の自治体も、新たに開業しようとする人に対して、別荘を与えたり、医院改装費用を負担したり、一定の収入を保証したりと、さまざまな特典で開業医を呼び込もうとしている。それはまさに企業誘致にも似ている。

労災保険

労災保険の歴史は古く、1884年にすでに導入された。

1871年に労災保険法の前身である帝国補償義務法が、国による最初の労働災害対策として施行されたが、社会保険の考え方にはまだ程遠かった。それでも当時としては世界でも例を見ないことであり、労働災害における社会保障が一歩前進した。当時工場などでは安全対策が不十分であったため、労働災害の発生率は高かった。この補償義務法では労働者自身が使用者の安全対策上の不備を証明しなくてはならなかったので、労働者が補償を勝ち取るのはまれであった。このような状況を改善するため議論が行われた結果、事故・労災について使用者と直接争う必要のない公的労災保険を創設することになった。白熱した議論の結果、84年に3度目の法案上程で労災保険法が可決された。

新たに創設された労災保険では、もはや労働災害における責任の所在をはっきりさせる必要はなく、労働災害であるか否かを示せばよいのである。労働者が最上級の控訴審まで争い続け、使用者も対抗して戦い続けるという構図はなくなった。大企業はそれまでは、どんな労働災害も就業規則違反として労働者の過失を証明できるように事業所内規則を定めていたが、このような小細工も締め出された。

公的労災保険制度では、各職種ごとに組織された同業組合が保険者となった。これにより個々の企業ではなく、業界全体の責任保険が成立した。管理監督機関として、帝国保険局と地域保険局が設置された。保険料は使用者のみが支払い、保険給付は医療保険よりも良かった。医療保険の傷病手当給付が終了する14週目から、労災保険が適用されるようになった。就労不能に対しては賃金の3分の2までの年金が支給される。1886年には農林業従事者にも拡大された。当時はまだその数が工場労働者よりも大きな割合を占めていた。

その後さまざまな改革が行われているが、他の社会保険に比べて導入当時の形態をほぼ維持している。この保険は現在でも同業組合を中心に運営され、官吏や自由・自営業者などを除く働く人とその家族が強制加入し、献血者や臓器提供者、大学生、就学児童、幼稚園児などにも適用されている。他の社会保険と異なり、収入額による加入制限はない。

労働災害、職業病、通勤・通学途上の事故によりケガや病気をした場合、労災保険から給付を受けることができる。その際、ケガや病気がだれの責任なのかは問われない。給付には、薬剤費・入院費を含む治療費全額支給（治療期間の制限はない）、傷病手当（税込み給与の80％、最大限手取り給与額まで。最長78週間）、リハビリ、再就職支援、移行手当、障害者年金、介護手当、死亡一時金、遺族年金（45

歳以上の配偶者に支給)、遺児年金(18歳以下の子供に支給、条件により最大27歳まで延長)がある。

労災保険は企業が支払う保険料を財源としている。働く人とその家族は保険料を払うことなく、労災保険の給付を受けることができる。

失業保険は世界最初ではなかった

医療・年金・労災の3社会保険を世界に先駆けて創設したドイツであったが、失業保険についてはイギリスに先を越された。ドイツの失業保険は1927年にできたが、イギリスはそれよりも早く1911年にこれを創設していた。

失業問題は19世紀から20世紀にかけて亡霊のように付きまとった。1844年の織工の暴動に始まり、1914年8月に失業率22・4%を記録するまで衰えることはなかった。

失業対策としては、さまざまな救済措置が個別に行われていた。当時一般に行われていた失業者援助は、自治体と労働組合とが協調して行っているものだった。自治体が組織と事務を引き受け、実際の援助は労組が行っていた。その他、労働組合や消費者団体が基金を設立したりもした。この基金から援助金が支払われたのであるが、法的請求権はなく、決まった額をもらうというのでもなかった。光学機器メーカーのカール・ツァイスのように、財団を作って失業問題に取り組む経営者もいた。また、従業員から保険料(分担金)を徴収して、失業救済制度を運営していた会社もある。

帝国議会で強制加入の失業保険について論議が行われたこともあったが、国政レベルの政治家たちはなお社会保険には反対で、労働者の強制積み立て制度を導入して失業時の収入減を補うべきだとした。職業斡旋を含む失業対策は地方自治体による困窮者対策の役目だ、という伝統的考え方が根底にあった。労働組合に加入している労働者のほうも失業保険には反対だったし、国も失業者に対する職業斡旋については消極的だった。職業斡旋によって人口の流動化を促進し、農業労働者が繁栄する工業地帯へとさらに流れていけば、ただでさえ社会の基盤を脅かしている農民離村が、一層深刻化する恐れがあったからである。

それでも1918年に失業者扶助制度ができ、費用の2分の1を国が負担し、残りを各地域や自治体などが分担するようになった。23年には労使が費用分担に加わった。そして27年になってようやく職業斡旋および失業保険に関する法律ができ、社会保険を原則とする全国的制度が創設された。困窮度に関係なく、それまでの収入に応じた援助を受けられるようになった。これはワイマール共和国の社会法制のなかでもっとも画期的な功績に数えられている。

失業保険は失業者数を80万人として保険料を算出し、これを超えた分は国（80％）と自治体（20％）から借り入れることになった。失業手当は半年間だけ支給され、その後は緊急援助を受けることになっていた。自治体にとって負担軽減とはなったが、それでもなお少なからぬ負担を強いられた。

失業したときは

現在の失業手当は日本のそれに近く、失業保険（雇用保険）に加入していて、職業安定所にあたる労働局に、電話や書面ではなく、自ら出向いて失業者登録をし、その職業紹介を受けて再就職先を探す努力をしていることが受給の条件である。この登録は失業することが明らかとなった時点で、速やかに行わなくてはならない。遅れた場合は、その日数分失業手当が減額されてしまう。

失業保険には職業訓練中の人も含めて働く人すべてが加入し、保険料（現在は月給の6・5％）を労使が半分ずつ支払う。失業手当受給中は各種社会保険料（医療、介護、年金）を労働局が肩代わりしてくれる。失業手当は失業前の手取り賃金の60％（子供がいる場合は67％）とされている。失業手当の受給期間は、従来までは通常6ヶ月から12ヶ月で、45歳を超えると14ヶ月まで、57歳からは最長32ヶ月であった。しかし、改革により、２００６年2月からは受給期間が12ヶ月までとされ、55歳以上に限っては18ヶ月までとなった。

失業手当の受給期間が終わってもなお失業中で、求職活動をしており、さらに財産も乏しく生活に困窮している場合、２００４年までは失業救済金という制度があった。その金額は失業前の手取り賃金の53％（子供がいる場合は57％）である。失業救済金には原則的に受給期間の制限はないものの、毎年申請して更新しなくてはならなかった。受給は満65歳で終わり、その後は年金を受け取ることになっていた。05年からはこの失業救済金と社会扶助（生活保護）とが統合されて、「失業手当Ⅱ」となった。

ドイツの失業者数は2004年12月に約449万人、失業率は11・9%であったが、失業手当Ⅱが導入された2005年1月には失業者数が500万人を超え、2月には戦後最高の521万6千人を記録した。だがその後は下降に転じ、400万人台に戻った。50歳以上の人や低学歴の人の場合、失業が特に長期化しており、今後もこの傾向は続くと見られている。そして、ドイツ国内には失業問題に関しても今なお東西格差がある。旧西ドイツ地域の失業率が9・4%であるのに対し、旧東ドイツ地域では依然17%という高水準にある。

伝統的な救済の仕組み

病気、失業、老齢などにより困窮にある人たちを助けるのは、中世以来の大家族制のなかで、基本的には家族・親族、隣近所、地域の役目であった。家族・親族が身内にいる孤児、老人、未婚者などの面倒を見ていた。特に、未婚の女性は社会的には認められず、家族が一生を通じて面倒を見ることになるが、その負担は小さくなかった。そこで、衣食住が保障される修道院に入り、修道女として一生を過ごす人も多かった。家族の面倒は身内で見るという暗黙の了解が社会全体にあり、大家族制が相互扶助の社会保障共同体として機能していた。

正装したツンフトの会員たち

家族以外では、ツンフト・ギルド、雇い主、領主、教会・修道院とその信者団体、そして寄付・喜捨も重要な役割を果たしていた。

都市に住む職人や商人の場合には、「ツンフト」または「ギルド」という同業者組合が援助活動を行っていた。ツンフトは同業者の一種の生活共同体で、広範にわたって会員の職業生活に関わっていた。会員の利益を守り、経済活動の規則を定め、十分かつ安定した収入を確保させ、会員間に経済的格差が生まれないようにした。また、会員にならないと開業できなかった。ツンフトは都市における生産・販売を独占するという、カルテルのような性格を有していたが、会員の生活保障の基盤ともなった。

ツンフトはまた、敬虔なキリスト教信仰を生活の中心に据え、経済的支援や疾病・埋葬金庫など会員に対する福祉制度も備えていた。ツンフトの互助制度は都市住民の貧困化を防ぐうえで大きな役割を果たしてきた。この救済制度の財源は、ツンフトの会費、金庫の掛け金、罰金、寄付金などであった。援助としては、困窮や病気にある会員に支援や食料を提供したり、少額の金銭を定期的に支給したり、老齢の人に年金を給付したり、生活の苦しい会員をシュピタールと呼ばれる福祉施設に入所させることもあった。

商人たちの同業組合であるギルドと手工業者の同業組合であるツンフトは、11世紀から12世紀にかけて生まれたが、ツンフトは教会の信者たちによる兄弟団（信心会）を出発点にしていて、本来教会の修繕や会員の相互扶助を行う慈善団体であった。

ツンフト内では身分が分かれていて、親方である「マイスター」を頂点に、「職人」、その下に「徒弟（見習）」という順になっていた。マイスターだけがツンフトの正会員になれ、会員になるためには人柄と知識と技術の審査を受けなければならなかった。職人や徒弟はたいてい親方のもとで住み込みで働いて、病気や困窮の時は、親方が面倒をみることになっていた。この他、徒弟とともに、都市住民のなかで大きな割合を占めていた奉公人の場合も、雇い主の世帯のなかで暮らしていたので、雇い主からの援助が期待できた。

ドイツでは、1099年にフランクフルト近くの都市マインツで成立したツンフトがもっとも古く、手工業のほかに、雑貨商、漁夫、船乗り、夜警、楽器演奏者、羊飼いなどあらゆる職種で結成され、乞食や娼婦のものまであった。

ツンフトは都市の発展とともに成長し、都市を構成する重要な一員となり、14―15世紀を通じて都市における発言権を拡大していった。18世紀になると、領邦国家の中央集権的政策によってツンフトの自立性が弱められ、都市の自治権は空洞化していった。ツンフトは次第に領邦君主の支配下に置かれるようになって、社会的地位も経済的支配力も低下し、産業革命により一気に衰退していったが、その組織自体は19世紀中頃まで存続した。

ドイツのマイスター制度はその後も歴史のなかで受け継がれ、最高の技術と経験と専門知識を持つ人材を育ててきた。この制度がドイツの技術力を伝統的に支え、ドイツの産業を世界のトップクラスに押し上げたといってよい。マイスターは自分の仕事にたいへんな自負を持つ職人であるが、同時に後進の技術者を育てるという社会的義務も負っている。現在では、伝統的な「手工業マイスター」と、企業の工場などで職長として働く「工業マイスター」とに分かれている。

年金保険の歴史も古い

1889年6月22日、2年間にわたる集中的な議論を経て、帝国議会は障害・老齢年金保険法案を可決した。この年金保険はすでにあった鉱山労働者組合のものを手本にしたのだった。これにより、満15歳以上のすべてのブルーカラーならびに年収2千マルク以下のホワイトカラー、農業従事者、手工業者に加入義務が生じることになった。社会主義の影響をもっとも強く受けていた工場労働者を年金保険の主対象としたのには政治的意図があった。

この保険の財源は労使が支払う保険料と年金1件当たり50マルクの国の補助金であった。保険機関は31ヵ所あり、地域ごとに設置されていた。保険機関の理事会は労使同数の代表者で構成され、ここでも当事者自治が確保された。

当時はまだ決まった退職年齢というものはなく、老齢年金は就労能力の減退に対する補助金ととらえられていた。満69歳から老齢年金を受け取る権利が生じ、平均賃金の約3分の1が支払われることになった。導入に伴い、直近の3年間働いていた70歳以上の人は加入期間に関係なくすぐに年金をもらえたが、その後は23年（1200週）の加入期間が必要となった。

最初の頃は、加入期間を満たさない人への年金支払いもあって、老齢年金が大きな割合を占めていた。だが、当時の寿命は現在よりずっと短かったこと、大半の労働者が受給年齢に達する前に労働災害や病気で就労不能となったことなどにより、まもなく障害年金受給者が老齢年金受給者を大幅に上回るようになった。1880年前後で平均寿命は57・3歳、70歳になるのは100人のうち17・75人、1910年前後でもそれぞれ61・71歳、27・14人であった。一方、1905年当時、実際の年金受給開始年齢は平均で56・3歳であった。第一次世界大戦前の10年間だけを見ても、新規に年金を受ける人の10％が老齢年金、90％が傷害年金の受給者であった。

ただし、年金の給付水準は低く、最低水準の生活にも届かなかった。年金は老後の追加的収入の役割しかなく、アルバイトのような仕事や親族の援助、救貧扶助（生活保護）などに支えられて生活できたのである。自分の年金を持たない未亡人の状況は特にひどかった。

1911年には、急激にその数を増大させてきたホワイトカラーのための保険法が成立した。これにより、年収5千マルク以下（この額はその後徐々に引き上げられた）のホワイトカラーのための年金保険ができ、65歳から年金がもらえるようになった。地域ごとに保険組織を持つブルーカラーの年金保険と違って、ホワイトカラーの年金保険はベルリンにある帝国保険局で一元管理・運営され、遺族年金も同時に導入されるなど給付に関してもより進歩的であった。ブルーカラー年金保険でも遺族年金が1912年になって導入された。だが、ホワイトカラー年金保険では残された配偶者がすぐに遺族年金を受給できるのに対し、ブルーカラー年金保険ではその配偶者が就労不能の場合にのみ受給できた。ホワイトカラーに対してこのように高水準の年金保険を導入したのにも政治的意図があった。ホワイトカラーを厚遇することで特権意識を助長し、社会主義やその影響を強く受けた労働組合がこの新中産階級に侵入してこないよう、防波堤を作ろうとしたのだった。

第一次世界大戦中の1916年になって「銃後の連帯感」を強化するため、ブルーカラーの年金受給年齢がホワイトカラーと同じ65歳に引き下げられた。ブルーカラーとホワイトカラーの各年金保険は導入以来約60年間にわたって別々の道を歩んできたが、ようやく57年になって内容面で統一化された。

年金保険

ドイツでは、「世代間の契約」または「世代間の連帯」としての年金保険が国民の間に定着している。現役世代が引退世代の年金を支払い、現役世代は自分の年金を今自分たちが養っている子供たちの世代に期待するというシステムである。これを賦課方式という。

ドイツでは働く人は年金保険に強制的に加入させられる。保険料率は目下のところ19・5％で、これを労使で折半する。年金額は賃金動向に従って毎年調整される。平均的給与をもらって45年間加入していた人の手取り年金額は、旧西ドイツ地域で月約1066ユーロ（約14万9240円）、旧東ドイツ地域で約940ユーロ（約13万1600円）となっている。公務員（官吏）、裁判官、職業軍人、聖職者などは年金保険に加入せず、退職後国から恩給を受ける。

通常の老齢年金を受給するには5年以上年金保険に加入していることが必要である。受給開始年齢は満65歳からであるが、35年間加入していれば満63歳から受けられる。女性の場合は15年加入（ただし40歳以降最低で10年加入していること）ですでに60歳から、失業者の場合も年金加入期間が15年に達していれば満60歳から年金がもらえることになっていた。しかし1992年の年金改革により、この双方の場合とも受給開始年齢が段階的に引き上げられて、現在では満65歳からとなっている。この場合、年金の減額（1月早まるごとに0・3％）を受け入れれば、従来どおり60歳から受給できる。つまり、60歳から受け取ると、第1回目の年金が18％少なくなる。

年金額別受給者数

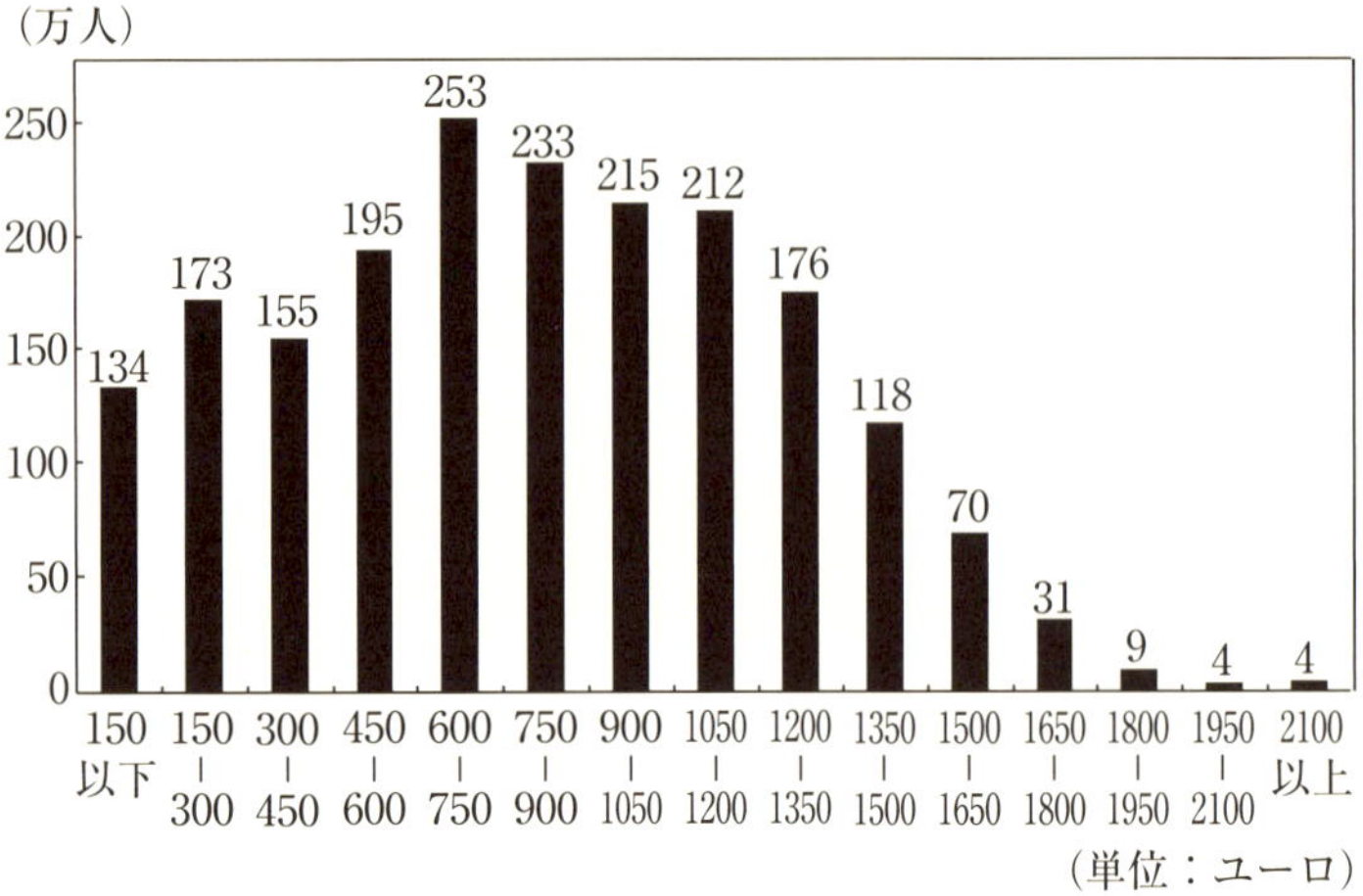

日本には基礎年金制度があって、専業主婦でも年金保険に加入し、後に自分の年金を受け取ることができる。特にサラリーマンの妻の場合は、夫が厚生年金に加入していて、妻自身の収入が一定額（年収１３０万円）を超えなければ、保険料をまったく払わずに基礎年金を受け取ることができる。これに対し、ドイツにはこのような基礎年金はない。したがって専業主婦である妻には基本的に自分の年金がなく、夫の年金だけで老後を過ごすことになる。ただ、夫婦が離婚した場合は、結婚期間に応じて年金を２人で分割することになっている。ドイツでは主婦がパートタイムなどで月４００ユーロ（約５万６千円）を超える収入があると所得税がかかり、さらに社会保険に加入しなくてはならない。保険料が徴収されるのであるが、これにより主婦にも年金受給権が発生する。４００ユーロ以下の収入の人、つまり非適用限度内従業の人には以前は社会保険加入義

務がなかったが、シュレーダー政権の改正により、加入義務が生じるものの、保険料は使用者分（賃金の12％分）だけが一括して徴収されることになった。働いている人には何の負担もかからないが、年金受給権は発生しない。しかし、自分で不足分の7・5％を追加払いすれば後で年金が受けられる。

老後への備え1　貯蓄と保険

老後のための貯蓄動向に関するアンケート調査によれば、ドイツ人は平均して月210ユーロ（約2万9400円）を個人年金分にまわしているか、あるいはまわそうとしている。さらに詳しく見ると、回答者の10％が月500ユーロ（約7万円）以上、19％が200～500ユーロ（約2万8千円～約7万円）、32％が100～200ユーロ（約1万4千円～約2万8千円）、39％が100ユーロ以下の金額を老後のための貯蓄と考えている。また別のアンケート調査では、3人に1人が老後のために何の蓄えもしていないということである。それでいて公的年金だけで十分だと考えているのは7％に過ぎない。そして、10人に1人は資産形成をするための財政的余裕がないと答えている。

公的年金以外に、老後の備えとしてドイツでもっとも人気のあるのが生命保険である。統計によれば（複数回答で）、71％の人が生命保険を老後への備えとしている。以下、住宅資金積立43％、投資信託41％、個人年金39％の順になっている。

ドイツでは生命保険の人気は昔から高かったが、公的年金の先行きが不安定なことを反映して現在でも第1位を保っている。株投資ブームが起きてもその座は揺るがない。それでも近年、失業、浪費、借金返済などで金が必要となり、生命保険を解約する人が増えてきている。生命保険の2件に1件が満期を待たずに、中途解約されているのが実情である。

生命保険では、残された家族の保障のためのものと老後に一定額を一時金として受け取るものとが主体となっている。だが平均寿命が延び、貯めておいたお金を生きているうちに使いきってしまうという「長生きのリスク」が増大し、なおかつ単身者が増えて、家族の保障よりも自分自身の老後に対する備えの比重が大きくなってきた。それで一般的な生命保険よりもむしろ、生涯にわたって決められた額の年金を受け取れる個人年金の人気が高まっている。

老後への備え2　持ち家に勝るものなし

ドイツのことわざに「自分のかまどは金の価値がある」というのがある。このように、ドイツ人も一国一城の主であることを誇り、日本人同様にわが家を持ちたいと思っている。資産形成としてだけでなく、老後への備えとしても考えられている。平均的月収を得ている人が38年間年金保険に加入した場合、その年金額は現時点では月額約930ユーロ（約13万円）となる。年金生活者で持ち家のない場合、平均的家賃として月に500ユーロ（約7万円）以上――都市部ではもっと高い――を払うことになるから、生活のために残るお金はわずかしかない。しかも、今後は年金水準が引き下げられるのに対し、家賃は上がっていくと見込まれる。戦後50年間で家賃は毎年平均約5％ずつ上がってきた。一方、持ち家のほうは資産価値を着々と拡大していて、過去25年間に不動産価値は年平均2・9％上昇した。長期的に見れば、持ち家のほうが資産形成と老後の保障という面で勝っていることになる。

だが、家を持つのもそう簡単なことではない。ドイツでは60％の世帯が年間約4万ユーロ（約560万円）の所得水準にあるが、この世帯が家を買うためには年収の9～10倍の資金（つまり5600万円近く）が必要となる。そのうち50％が土地の値段である。銀行からはせいぜい18万ユーロ（約2520万円）くらいの融資しか期待できない。そこで一つの解決策となるのが、日本と同様の定期借地権である。ドイツの場合、貸し主は地方自治体と教会が全体の80％を占めている。契約期間は99年で、更新もできるし、支払うのは地代だけである。借地権は相続、貸与、売却することができる。契約が切れて更新されなかったときは、建物は土地の貸し主が契約で定めた補償金を支払って買い取ることになる。ただ、この定期借地権は、イタリア、オランダ、イギリスなどに比べ、ドイツではまだ住宅販売件数のほんの数パーセントに過ぎない。近年ようやく地方自治体が住宅政策の手段として見直し始めている。

低所得者層を対象に住宅手当という公的援助制度がある。賃貸住宅に住む人には家賃補助金、分譲住宅に住む人には負担補助金が支給される。外国人も受給することができる。家族形態と居住する都市により、低所得とされる収入上限額も異なる。3人家族の場合、世帯総収入の上限月額は1270ユーロ～1390ユーロ（約17万円～19万円）となっている。住宅手当を受けるには、居住する市町村に申請し、毎年これを更新しなくてはならない。

この手当はもともと第二次世界大戦後の公的住宅建設にさかのぼるものである。戦争による破壊で住宅が不足していたため、政府は1950年から公的資金を投入して低家賃住宅の建設を開始した。その

長生きできなかった中世

中世から近代にかけて、長生きできる人はわずかだったので、老人問題が注目を集めることはなかった。老後のための備えを考える人も少なかった。社会の上層階級に属していない人たちは、苛酷な労働と貧しい生活により、年齢よりも老け込むのが早かった。苦難に満ちた人生を送り、長生きできたとしても、すでに「身も心も」疲れ果て、静かで、ゆとりのある老後どころではなかったのである。

14世紀初めの平均寿命は35歳程度とされていて、16世紀に入っても40歳台ですでに老人とみなされ、50歳を過ぎると引退した。ましてや、60歳を超える人はわずかに過ぎなかった。この時代の人たちが長生きできなかったのは、ヨーロッパをたびたび襲ったペストなどの疫病や飢饉、繰り返される戦争にも原因があった。

疫病の流行と飢饉は密接に絡み合っていた。農産物の凶作により人々は栄養不足となり、病気に対する抵抗力が低下したところに疫病が発生し、たちまち大流行となった。その結果、働き盛りの人たちが大量に犠牲となり、これが農業生産力の低下、凶作、飢餓の素地となって行くのである。加えて、中世の衛生状態はヨーロッパ史上最悪であった。ドイツでは1326年から1400年の間にペストをはじめとする疫病が繰り返し大流行した。

ペストは14世紀から17世紀にかけて猛威を振るった伝染病である。ネズミについたノミを媒介にして人間に伝染するもので、発病すると肌が乾燥して紫黒色になって死んでいったことから、「黒死病」とも呼ばれた。特に1348年から50年にかけてのペスト大流行は壮絶なものであった。6世紀以来絶えてなかったペストが1348年にイタリア、フランスなどで発生し、翌49年にはドイツ、イギリスに広がり、50年にはスカンジナビア諸国にまで到達した。これに先立つ年にはヨーロッパを大飢饉が襲っていた。ペストの大流行により、各地の町や村では多数の死者が出て、壊滅状態となった。14世紀における一連の大飢饉と疫病大流行とにより、ヨーロッパの人口は大幅に減少し、人口がかつての水準にまで回復するのは16世紀になってからのことである。

一方、飢饉の主な原因には気候不順などによる凶作や食料品の高騰などがあった。この飢えに対する有効な手段となったのが「ジャガイモ」だった。ジャガイモは肥料が少なくてすみ、米や小麦よりも栽培期間が短く二毛作に適した作物である。おまけに単位面積あたりの収穫量が麦などの3倍近くある。水が少なくても育ち、ビタミンなどの栄養素も豊富で、ヨーロッパの寒冷な気候にも合っている。

ジャガイモはもともと中南米原産で、ここを植民地にしたスペイン人が16世紀半ばにヨーロッパにもたらした。ドイツでは、三十年戦争（1618～48）後の荒廃により飢餓に苦しんでいたことが、ジャガイモ栽培を盛んにした。これ以降徐々にではあるが、ドイツでは飢餓に苦しむことが少なくなった。

そして今日に至るまでジャガイモは、パンと並んでドイツ人の主食の一つとなっている。料理には決まってジャガイモが付け合わせとして添えられている。

「ペスト防護服」を着た医者
ろうでコーティングしたコートを着込み、保護めがねと手袋をつけ、鳥のくちばしのような防護マスクをつけていた。このくちばしの中にはいい香りのする香辛料が入っていた。

政策が功を奏して、10年もしないうちに住宅不足はほぼ解消された。それとともに、政府は公的住宅建設から、家賃や住宅購入の補助金としての住宅手当支給へと政策を転換していったのである。

この住宅手当は、年金額が前記の収入上限額よりも少ない人にとっては、大きな助けとなっている。年金生活に入っても、住宅手当を受けることで今まで住み慣れたところに住み続けることができるし、子供たちの家に引っ越して不自由をかこつこともなくなる。

5本目の柱――介護保険創設

公的介護保険は社会保険の5本目の柱として1995年に誕生したが、ドイツでもこれについては長い間激しい議論が行われた。

介護の問題はすでに1970年代から社会の関心事となり、さまざまに議論されていた。その背景として挙げられるのは、平均寿命が伸び、出生率が低下して社会の高齢化が進み、介護を必要とする人が増えたこと、核家族や一人暮らしの世帯が増え、さらに女性の社会進出などにより家庭での介護能力が低下したこと、介護のための経済的・肉体的・精神的負担が要介護者自身だけでなく、その家族にも重くのしかかってきたことなどである。にもかかわらず、介護については労災保険がわずかにカバーしているだけで、社会保険ではまったくといっていいほど抜け落ちていた。特に高齢の要介護者の場合、年金だけでは介護費用が賄いきれないことが多く、施設入所者の大多数が生活保護を受給していた。しかし、長年一生懸命に働き、税金と社会保険料をきちんと支払い、社会保障制度構築に寄与してきた人たちにとって、年老いてから生活保護の世話になるというのはプライドを傷つけられることであり、また、生活保護を支給する地方自治体にとっても大きな財政負担となっていた。1970年から79年の間に社会扶助のなかの介護扶助費用は317％も上昇し、社会扶助（生活保護）の最大の負担項目となっていた。

これを解決するためには包括的な解決策が必要だという点では一致していたが、具体的内容になると政党、州政府、関係団体の間でなかなか意見の一致を見出せなかった。介護保険法案が94年に可決されるまで、実に17もの法案が国会に提出されては否決された。政府提出の公的介護保険法案が連邦議会をいったん通過したが、連邦参議院で否決され、その後両院協議会の場で大幅に修正されてでき上がった妥協案が、1994年4月末に国会でようやく可決された。

法案審議の過程で特に大きな問題となったのは、保険料労使折半によって企業にさらなる負担がかかることであった。ただでさえ高い水準にある社会保険料に介護保険料が加われば、すでに限界に近い労働コストが上昇し、ドイツの国際競争力が脅かされるとして、企業側は猛反対であった。介護保険の具体的内容に関する議論よりも、この問題が一時法案の行方を左右しかけた。白熱した議論の結果、この負担増を補償する措置として祝日を1日削ることになった。つまり、年間労働日数が1日増えるが、給料は変わらないということである。どの祝日を削るかは各州の判断に任された。

介護保険の対象は高齢者だけではない

ドイツの公的介護保険は1995年1月1日から保険料徴収を開始、保険料率はさしあたり給与の1%とされた。保険料は原則労使折半であるが、休日の削減を行わなかったザクセン州では労働者が全額負担した。同年4月1日からまず在宅介護給付が開始され、翌96年7月1日からは施設介護給付が加わった。これとともに保険料率は1・7%に引き上げられた。ザクセン州だけは労働者が1・35%、使用者が0・35%の保険料を支払うことになった。

運営主体は市町村ではなく、医療保険を運営する疾病金庫である。介護保険は公的医療保険の枠内に創設されたものとされ、新たな機構や事務機関は必要とせず、医療保険の保険者である疾病金庫が介護金庫の運営をも行い、その事務経費は介護金庫が負担することになっている。そして医療保険の加入者は自動的に介護保険の加入者となる。介護保険は保険料を財源とし、保険料は労使折半で負担し、扶養家族である配偶者と子供は家族被保険者となり、保険料は免除される。年金受給者の場合は、年金保険の保険者が半分を負担していたが、2004年からは年金受給者が保険料を全額支払うようになった。

ドイツの介護保険は、肉体的・精神的な病気および障害のために日常生活において継続的に援助を必要とする人を対象としているので、日本の制度と違い、年齢に関係なく要介護状態にある人は保険給付を受けることができる。そのため、介護保険でいう要介護者とは、高齢者だけに限らず、病気や障害により、日常生活を行う際に長期（さしあたり最低6ヶ月間）にわたって援助を必要とする人のことである。実際、要介護者の25％は60歳以下である。

要介護状態の程度と援助を必要とする範囲に従って要介護状態は3段階に分けられる。その大まかな目安は、１日90分以上助けを必要とする場合が介護度１、１日3時間以上の場合は介護度２、５時間を超える場合が介護度3となる。要介護の認定には、疾病金庫の医療サービス機関の専門職員、医師、介護士を中心に、ソーシャルワーカーや心理学者も含めた専門家が参加する。介護度認定に対して異議申し立てができ、さらには社会裁判所に告訴することもできる。

現金給付もある

介護保険給付には在宅介護給付と施設介護給付がある。また、在宅介護に関しては現物給付と現金給付、要介護者（介護を必要とする人本人への）給付と介護人（家族や隣人など、職業としてではなく、在宅で介護をしている人への）給付の区別がある。介護保険は在宅介護に重点を置いていて、在宅介護のための環境を整備し、介護する家族の負担を軽減する方向を目指している。要介護者への給付としては、在宅介護の場合、要介護度によって月３８４ユーロ（約5万３７００円）から月１４３２ユーロ（約20万円）相当までの現物給付（在宅介護サービス）がある。この金額を越える費用については要介護者の自己負担となる。現金給付を選択することもできる。これも要介護度によって、月額２０５ユーロ（約2万８７００円）から月額６６５ユーロ（約9万３１００円）の介護手当を受給できる。これを受け取るのは要介護者本人であって、介護している家族ではない。要介護者はこの介護手当を使って必要とする介護を自分で整えることができる。通常は介護する家族への謝礼または報酬として使われている。

この現金給付と現物給付は組み合わせることもできる。例えば、介護度3の要介護者が本来の現物給付の3分の2にあたる955ユーロ（約13万3700円）分のプロ（専門家）による介護サービスを受け、同時に現金給付額665ユーロの3分の1、つまり222ユーロ（約3万1千円）を介護手当として受給することも可能である。

在宅介護をしている人が介護できない場合は、介護金庫が年に4週間を限度に代替介護人を雇う費用として要介護度に関係なく1432ユーロ（約20万円）まで負担してくれる。この措置は介護をしている家族が介護から一時的に離れ、休暇を取って心身ともにリフレッシュできる機会を与えるためのものでもある。

部分的施設介護として、短期入所介護（いわゆるショートステイ）、昼間・夜間介護（デイサービス・ナイトケア）がある。ショートステイは在宅介護を受けている人が年間合計で4週間まで介護ホームで介護を受けるもので、要介護度に関係なく1432ユーロ分までのサービスを受けられる。デイサービスは昼間だけ、ナイトケアは夜間だけ施設が要介護者を引き受けるもので、要介護度により月額384ユーロ（約5万3700円）から1432ユーロ分までとなっている。

介護金庫はこのほか、介護補助具（車椅子、介護ベッド、昇降機など）費用の負担、介護に伴う住居の改築補助として1件につき2557ユーロ（約35万円）までの費用補助、家族やボランティアを対象にした無料介護講習会などを実施している。

介護保険給付額（月額）

（単位：ユーロ）

給付の種類	介護度1	介護度2	介護度3
在宅介護	384	921	1432
在宅介護手当（現金給付）	205	410	665
短期入所介護（ショートステイ）	1432	1432	1432
昼間・夜間介護（デイサービス・ナイトケア）	384	921	1432
施設介護	1023	1279	1432
介護人のための年金保険料支払額（上限額）	127	255	382

介護ホームなどに入所して介護を受ける場合も、要介護度に従って施設介護現物給付が行われる。つまり、月1023ユーロ（約14万3200円）から月1432ユーロ相当までの施設介護費用が給付される。ただし、施設料金の最低25％は本人負担となるので、残りの費用についてのみ保険給付が行われる。つまり、要介護度1の場合、施設料金が1300ユーロ（約18万円）だとすると、25％分を除いた975ユーロ（約13万円）だけが給付されるということである。宿泊と食事に関わる費用も本人が負担する。

介護をする人への給付

介護人に対する給付としては年金保険の保険料が挙げられる。介護人とは、要介護者を週14時間以上その自宅で介護するが、介護を職業としていない人のことであり、特に家族または隣人である。介護をする人は介護のためにそれまでの仕事を変えたり、制限したり、あるいはまったく無職となったりする。これに伴って、収入の道が断たれるだけでなく、年金保険の資格を失ってしまうことにもなる。これらの人々のために介護保険は年金保険の保険料支払いを肩代わりしている。要介護度と介護に費やされる時間によって異なるが、介護は年金保険では西部ドイツ地域で月給644ユーロ～1932ユーロ（約9万円～27万円）分、賃金の低い東部ドイツ地域で月給541ユーロ～1624ユーロ（約8万円～23万円）分の仕事をしたものとみなされている。これにより、1年間介護をした場合、後の年金額が西部地域で6・83ユーロ～20・49ユーロ（約956円～2868円）、東部地域で6ユーロ～17・99ユーロ（約840円～2518円）増えることになるのだ。

さらに、この介護人の介護行為は公的労災保険の対象ともなる。例えば、介護をしていて腰痛になったら、労災保険の適用を受けることができる。

失業率の高いドイツでは、女性の雇用状況は特に厳しいので、無理して働きに出るよりも身内の介護をして報酬を受け取り、将来の年金まで確保できる在宅介護を選択する人も少なくない。この制度の適用を受けている介護人は現在約60万人いて、その90％以上が女性である。

国際化の中の社会保険――日独社会保障協定

社会保険はもともとドイツ国内での保険給付を想定して構築されたものである。しかし国際化の進展とともに、外国を訪れたり、外国で働いたりするドイツ人が増加の一途をたどり、国境を越えた保険給付が一段と求められるようになった。

このような背景から、ＥＵ（欧州連合）内ならドイツ国外であっても保険給付が受けられるよう法制度が整備されており、さらにEUに加盟していない国々との間ではこれに準じる協定を結んで保険給付が確保されるようになっている。EU諸国ならびに社会保険協定締結国（EU非加盟欧州諸国、イスラエル、モロッコなど）との協定内容は広範囲に及んでいて、病気、障害、老齢、労災に対する給付を網羅している。さらに、日本、韓国、オーストラリア、カナダ、米国との間には年金保険協定がある。

日独社会保障協定をめぐる交渉は1960年代から断続的に行われてきたが、95年になって本格的な政府間交渉となり、98年にようやく終結して同年4月に協定の調印が行われた。日独双方で批准された後、2000年2月1日にこの協定が発効した。日独社会保障協定と呼ばれてはいるが、実質的には年金保険協定である。

この協定により、日独双方に派遣される駐在員とその家族は、派遣先のドイツまたは日本で年金保険に加入する必要がなくなった。これまでは、日本からドイツに派遣された駐在員は日本の年金保険に入りながら、ドイツの年金保険にも加入しなければならなかった。ドイツでの保険料は派遣元の日本企業が立て替えて払い、駐在員が帰国してからドイツの年金機関に対して保険料の還付申請を行い、会社が払い戻された被用者負担分の保険料を受け取るのが一般的だった。しかし、事業主負担分はいわば「掛け捨て」で、保険料二重払いは企業側にとって負担であった。日独年金保険協定により、この二重払いが必要なくなったのである。本国での保険加入が確認されれば、一定期間（約5年）の派遣の場合、派遣先国での年金保険加入が免除される。この期間を超えるときは、日本での年金加入を停止してドイツの年金保険にのみ加入し、そこで保険料を支払うことになる。この場合でも、日本とドイツで加入していた期間を両国が互いに認め合い、これを合算して年金を計算する、という規定が協定にあるので、保険加入は脱落することなく継続されるのである。

派遣駐在員だけでなく、日独双方で働いた経験のある人たちもこの協定の恩恵を受けることになる。日本では、最短でも25年加入していないと年金がもらえない。この期間に満たない人でも、ドイツでの保険加入期間を加えて合計で25年以上になれば、日独双方から年金を受け取ることができる。それぞれの国での加入期間に応じて、日独が年金を分担するのである。日独社会保障協定に伴って行政手続が定められたので、日本の年金保険機関を通してドイツの年金の請求手続きができる。つまり、日本に住んでいても、加入期間分のドイツの年金を問題なく受け取ることができる。

ドイツは同様の年金保険協定をすでに多くの国々と結んでいる。日本にとってはドイツとの協定が初めてのものである。これを土台に、日本はイギリス、韓国、米国などとも社会保険協定を結んだ。

Ⅲ

働くドイツ人

ブルーカラー、ホワイトカラー、官吏

ドイツの職業は、ブルーカラー（工場労働者や肉体労働者）、ホワイトカラー（オフィスで働く事務職員）、官吏（公務員の一部、裁判官、警察官、兵士、神父・牧師など）、自由業（開業医、弁護士、税理士など）、職人（パン屋、肉屋、電気工、陶芸家など）に大別される。

ドイツでは学歴と資格と職業が密接に結びついている。学歴とは、最終学歴（例えば大卒、高卒など）のことである。どの教育・研修機関で何を勉強したかで取得する資格が異なり、この資格が職業に直結している。大学を卒業してから、いくら家業とはいっても、パン屋になることはまずない。大学を出たらその卒業資格に従ってホワイトカラー、官吏、自由業などの職業と職場を選ぶのである。就職先では自分の

製造業におけるブルーカラー労働者の平均時給額

（単位：ユーロ）

	男性	女性
1996年	13.20	9.97
1998年	13.69	10.38
2000年	14.46	10.59
2002年	15.05	11.37
2004年	15.75	11.90

製造業におけるホワイトカラー労働者の平均月給額

（単位：ユーロ）

	男性	女性
1996年	3,079	2,089
1998年	3,189	2,209
2000年	3,365	2,352
2002年	3,589	2,517
2004年	3,771	2,672

専攻と畑違いの仕事をすることはあまりない。教育学を勉強した人が会社で営業の仕事をしたり、生物学専攻の人が銀行に就職したりすることは、ドイツでは見られない。

同じ賃金労働者であるブルーカラー、ホワイトカラー、官吏の間でも、働き方や賃金体系、そして生活様式が異なっている。ブルーカラーはかつては日給制で、ホワイトカラーは週給または月給であった。日本では「給料」という言葉ですすべてをひっくるめてしまうが、ドイツでは今でも一般的に、ブルーカラーの給料を「Lohn」(ローン＝賃金)、ホワイトカラーのは「Gehalt」(ゲハルト＝給与)、官吏のは「Besoldung」(ベゾルドゥング＝俸給)と言って区別している。さらに、労働時間、給料、世帯収入などに関する労働・生活統計は、この職業カテゴリーごとにまとめられている。被雇用者全体をひっくるめた統計というのは、むしろ例外に近いといっていい。

ちなみに、ドイツには日本のようなボーナスはなく、せいぜい11月(または12月)に支給されるクリスマス手当があるくらいだ。これとても、業種や企業によって異なるものの、1ヶ月分の給料の25％から120％程度である。

従業員も会社の経営に口出しできる

ドイツには民間企業の従業員に経営参加を認める経営組織法というものがある。1972年にできたこの法律に従って、5人以上の従業員がいる企業では「従業員評議会」を組織できることになっている。公務員も別の法律によって同様の評議会を組織できる。この評議会は外国人も含めた全従業員の投票で選ばれた委員で構成されるが、その規模と委員の構成は従業員の職種と数によって決まる。従業員評議会は、労働時間（操業短縮、残業など）、有給休暇、賃金規定、人事、就業規則、福利厚生、労働安全衛生、経営方針などについて、働く人の知る権利を確保し、その利益を代表して経営者側と協議・交渉し、部分的に決定権を持っている。従業員評議会はいわば従業員による、従業員のための組織である。管理職は独自の組織を作る。

会社は従業員の採用・配属・異動に際してそのつど評議会の同意を得なくてはならないし、解雇にあたっては事前に評議会の意見を聞かなくてはならない。そうでないと解雇は無効になる。個々の従業員が不当に扱われたり、不利な処遇を受けていると感じたりしたら、評議会を通じて会社側と話し合うことができる。

だが、この評議会は労働組合とは違う。労組組合員でない人も参加している。会社ごとに組織されている日本の労組と異なり、ドイツでは会社横断的に職種（業種）ごとに組織されているので、従業員評議会は職場（会社）単位での問題解決にあたる役目を持っている。ただし、労働時間や賃上げについては、労組と経営側が団体交渉を通して職種全体に適用されるものを決めることになっている。従業員評議会のほうは、この労使交渉で決められたことが職場でちゃんと実施されているかを監視する。

従業員評議会の委員は通常の仕事をしながら、委員としての職務を無給で行っているが、200人以上の従業員がいる職場では1人の専従委員、つまり会社の仕事が免除され、評議会の仕事に専念して給料をもらう委員を置くことができる。

さらに、より直接的に企業の意思決定に影響を及ぼすことができるように、会社の監査役会に従業員の代表を送り込めることも、経営組織法は定めている。監査役会は企業経営の全領域に対して権限を持ち、経営陣（取締役会）を任命および解任することができるのである。特に社員2千人以上の大企業の場合は、1976年の共同決定法により、監査役会を同数の株主と被用者の代表で構成しなくてはならない。監査役会での採決が賛否同数の場合は、議長（通常は株主側の代表）がさらに1票を投じることになっている。このようにドイツでは、働く人が職場の運営や企業の経営に参加できる権利を法律で明確に定めている。

労働時間は短い

ドイツでは労働組合が強い影響力を持ち、労働条件の改善のために運動を展開し、さまざまな成果を挙げてきた。労働時間短縮もその大きな成果の一つである。日本の「連合」にあたるDGB（ドイツ労働総同盟）には外国人も含めた約800万人が加盟している。特定の政党に偏らない、政治的中立を原則としているが、実際は社民党支持者が多数を占めている。ただし、保守系議員の中にも労働組合員が何人もおり、その代表格は16年以上にわたって続いた保守政権下で一貫して労働・社会大臣を務めたブリューム氏である。

ドイツでは賃上げと労働時間を中心に労使が交渉し、その結果を労使協約という文書にまとめる。この労使協約で決められた所定週労働時間の推移を見ると、1970年代は約40時間であったのが、80年

金属産業における所定週労働時間と年間有給休暇日数の推移

年	所定週労働時間	年間有給休暇（週間）
1960	44	2〜3
1965	41.25	3〜3.5
1970	40	3〜4
1975	40	4〜5
1980	40	5〜6
1985	38.5	6
1990	37	6
1995以降	35	6

※金属産業は労働時間短縮に関してドイツでは常に先頭に立ってきた
※※なお、これらの数値は旧西ドイツ、統一後は西部ドイツ地域のものである

主要国の年間総労働時間の推移

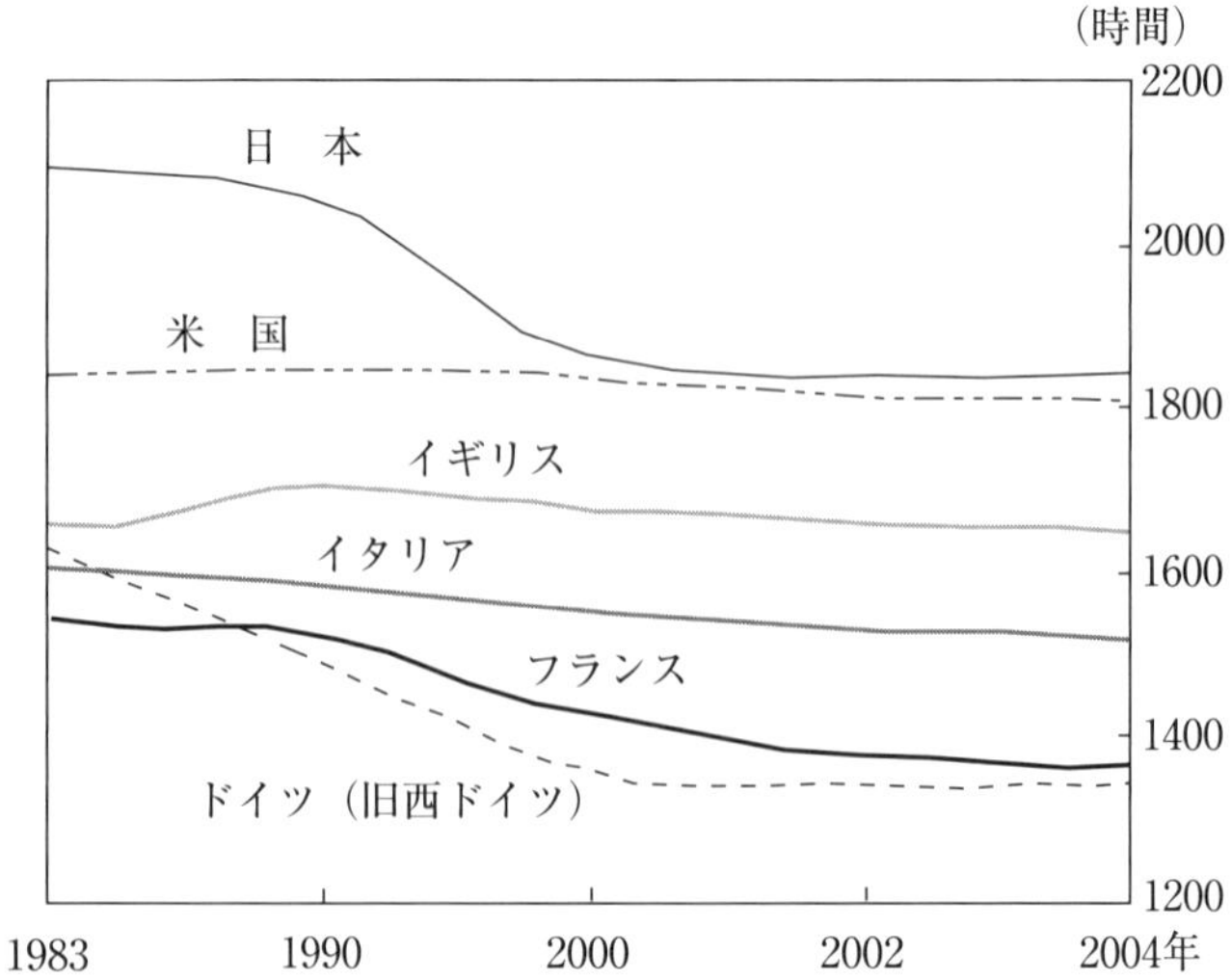

代と90年代において時短が進み、90年代半ばには平均して37時間台にまで減少した。特に、金属産業などでは週35時間にまで短縮された。その後、雇用確保や企業競争力の強化などを背景に労働時間は長くなり、現在では所定週労働時間は平均38時間前後となっている。ただ、実際の労働時間は残業などで41時間を超えている。10人に1人は週に10時間以上残業をしており、会社での地位が高くなるほど残業が増加する傾向にある。ちなみに、ILO（国際労働機構）の調べでは、日本の労働者の28％が週50時間働いているということである。

ドイツでの実働週41時間というのは、他のヨーロッパ諸国と比較してみると、ほぼ中位に位置している。ギリシア、ポーランド、イギリスなどでは43時間以上であり、フランスやオランダなどはドイツよりも少ない。

女性の社会進出

昔から、結婚していない女性の立場は経済的のみならず、社会的にも弱く、何の権利も与えられなかった。独身の女性はたいてい、家族の世話になりながら一生を過ごすことになるが、これら未婚の女性を抱える家族の負担も大きかった。そのため、19世紀の産業革命期あたりから、女性たちは職業を持つことで自らを解放することを目指し、当時の中産階級における女性運動のスローガンともなった。産業革命により経済が成長していくなかで、社会も労働力をもっと必要としていたし、1908年に女性の大学入学が初めて認められてからは、女子大生の数は年を追うごとに増え続けた。しかし、女性がつくことができる職業はまだまだ限られていたので、教育を受けた中産階級の女性でもサービス業に職場を求めるようになり、ブルーワーカー家庭の女性のライバルとなった。

第一次世界大戦中（1914年～18年）、戦場に送られた男たちの職場を女性たちが引き継いだが、終戦後男たちが帰還してくると職場を譲らざるをえなかった。しかしそれでも、女性の社会進出は目覚しく、新しい女性の職業として「秘書」（タイピスト）が生まれ、女性の典型的な職業となった。働く女性が増えてきたが、男性労働者は女性の就労に対して複雑な気持ちでいた。安い賃金で働く女性は自分たちの雇用を脅かすライバルである反面、妻や子供が働かないと家族の生活がままならない状況にあったからである。

1918年の「ワイマール共和国」発足とともに婦人参政権が認められ、国会議員の9・6％を女性が占めた。当時の憲法第109条では男女同権が明記されてはいたが、親族法では相変わらず夫に従属する立場であった。そして30年代の世界恐慌では女性たちが真っ先に職を失った。

「プッツフラウ（Putzfrau）」

ドイツには昔から住まいの片づけ、掃除、洗濯などの家事労働を代行する人たちがいる。「プッツフラウ」と呼ばれる女性たちで、直訳すれば「掃除婦」ということになるが、定期的に（週に数回）家庭にやってきて掃除や洗濯などをして帰っていく。20世紀初めはドイツ人の主婦が内職としてしていたが、今では外国人女性の典型的な仕事となっている。生活が豊かになって、ドイツ人が低賃金で、汚く、きつい仕事を敬遠するようになったからである。賃金は時給7～9ユーロ（約980円～1260円）程度であるが、このような仕事を行う難民や東ヨーロッパからの出稼ぎ者が増加して値崩れ現象が起きている。日給数ユーロの賃金で働く外国人女性さえいる。

この仕事は税金や社会保険料をごまかす「もぐりの仕事」の温床ともなっている。雇用主は手間賃が少なくて済み、働くほうは賃金がそっくりそのまま収入となる。所得税や社会保険料負担が高いドイツではこの差は大きいのである。

このプッツフラウを頼むのは、都会に住み、ある程度の収入のある世帯、共稼ぎの世帯、独身者などが主体である。女性の社会進出が進んだにもかかわらず、夫のほうはあまり家事を手伝おうとしないことなどから、プッツフラウに対する需要は高い。

この職業が生れた背景には、19世紀の産業革命前後の状況がある。産業革命により男は外に出て働くようになり、女性は家庭で家事を取り仕切るという形態が生れた。特に、都市に現れた富裕市民階級は貴族階級の生活様式をまねてサロン文化の花を咲かせ、さらには生活にゆとりの出てきた一般市民層がこの富裕層のまねをするという現象が生れた。19世紀に形成された都市中産階級は子供の教育、家族の健康、慈善活動を重視し、わけても

19世紀当時の富裕層の家族の肖像

一家の主婦である女性には家にいて夫の帰りを待ち、貞節な妻、良き母、養育者であるとともに、慈善活動をすることが求められた。こうしたなかで、女性、特に一家の主婦たるものは炊事、洗濯、掃除、子供の世話といった身体を使う仕事はお手伝いさんに任せ、自分は文化的活動や慈善活動にいそしむものだ、という女性にとっての理想像ができあがった。お手伝いさんの賃金上昇とともに住み込みのお手伝いさんを雇う世帯は少なくなったが、家庭内で身体を使う仕事を蔑視する意識は残った。

法律上と実際の男女平等

このような道のりを経て、ドイツでは早くから法制面での男女平等に取り組んでいる。今日では社会においても夫婦間においても、女性を差別したり、女性に特定の役目を負わせようとすることはない。1980年に職場における男女同権が法律によって確立された。「同一労働、同一賃金」をモットーに、同じ仕事をする場合、性別や国籍によって賃金を差別してはならないことになっている。このほかにも、女性の登用、職場での女性差別・セクハラ防止などが法律によって定められている。

女性の社会進出は日本より目覚しいものがある。女子大生の割合は、最初の女子大生が誕生した1908年以来増え続け、現在では50％を超えている。結婚して子育てをしながら勉学を続ける女子大生や熟年女性の大学生も珍しくはない。また、女性の約60％が職業を持っている。ほかの国と比較すると、スウェーデン80％、デンマーク79％、ノルウェー71％となっている。ドイツでは就労者の約18％にあたる570万人がパートタイムで働いていて、そのうち88％が女性である。

しかし、女性を巡る状況が男性とまったく同じというわけではない。女性のほうが職が見つけにくく、解雇の対象になりやすく、失業後の再就職も難しい。現実の平均賃金も男性より今なお低い。ある統計によれば、女性の給料が男性よりも平均12％低いということである。この10年を見ても格差はほぼ同じ水準を推移している。男女間の格差が小さいのは、大学教員・研究者とか、管理職といった高収入の職場で、5～6％程度である。これに対し、手工業関連の職場では格差が13％の高水準にある。公務員ではほとんど格差がない。ただし、この統計では、学歴、年齢、職種・役職などの条件はそろえているものの、実労働時間が考慮されていないので、その分割り引いて考えなくてはならない。実際、男性のほうが女性よりも残業を多くする傾向があるからだ。このほかに、男女間の収入格差は20％以上とする統計調査もあるが、ここでは働き方の違いや職種などは一切考慮されていない結果、このような数字になったと考えられる。パートタイム、タイピスト、一般事務といったものが女性の代表的な職業であり、これらの職種の賃金自体が低いのである。

戦後、女性は政界でも活動分野を広げている。下院にあたる連邦議会における女性議員の割合は、1980年には9％に過ぎなかったが、現在では32・8％にも達している。ちなみに、日本の衆議院では女性議員は7・1％に過ぎない。これは80年代に始まる各政党の女性比率確保の取り組みによるものである。まず先陣を切ったのが緑の党で、86年に党役員などの主要ポスト、党所属議員の最低50％を女性とすることを決めた。続いて、社民党が88年に女性の割合を最低40％とした。保守系の政党は動きが鈍く、96年にキリスト教民主同盟（CDU）が最低3分の1を女性とするようにとの勧告をまとめたに過ぎない。自民党にはこのような動きはまったくなかった。政党別女性国会議員の割合は、緑の党57％、左翼政党46％、社民党36％、自民党25％、同盟（CDU・CSU）20％となっている。

1961年に戦後初の女性大臣が誕生し、社民党・緑の党連立のシュレーダー前政権では13人の閣僚うち6人が女性で、過去最多を記録したが、大連立（キリスト教民主・社会同盟と社民党）による現政権でも6人の女性大臣がいる。これまですでに、連邦議会議長と連邦憲法裁判所長官を女性が務めたことがある。そして、2005年にはキリスト教民主同盟のメルケルが、女性として初めて連邦首相に就任した。ただ、女性の連邦大統領はまだいない。州レベルでは北部の州に女性の州首相がいたが、現在では16州の中で1人もいないし、地方自治体の議会では女性議員の数はまだまだ少ない。

経済界を見ると女性の進出はさほど目覚しいものではない。女性がトップにいる企業は9・4%でしかなく、大企業87社の取締役会における女性の割合は平均1%程度である。

軍隊にも男女平等

ドイツの憲法では、女性保護の観点から「(女性は) いかなる場合にも武器を扱う任務に従事してはならない」と定められていた。このため、連邦国防軍に女性隊員はいるものの、任務は医療や音楽隊などに限られていた。しかし、1996年に修理任務の兵士として入隊を希望したのに採用を拒否されたとして、1人の女性が男女平等の取り扱いを求めて欧州司法裁判所に訴えた。裁判所は2000年1月に、EU (欧州連合) の男女平等の原則はドイツ連邦国防軍にも適用されるとの判断を下した。この判決を受けてドイツは、同年10月に憲法を改正して、戦闘行為に参加できる女性兵士の採用を可能にした。改正後2500人の若い女性が軍隊に応募し、合格した第1陣244人が2001年1月2日に入隊した。ドイツでは女子には兵役義務がないので、これらの女性兵士は自ら志願した人たちである。

休暇はしっかりとる

ドイツでの法定最低有給休暇日数は24日と定められている。法律では土曜日も労働日に数えられているから、4週間ということになる。実際には、労使協約により平均で年間約30労働日取得できるようになっている。協約では土曜日は労働日に数えないから、土日を休日として計算すると合計6週間休むことができる。そしてドイツ人はこの有給休暇をほぼ完全に消化する。ただ、職場での地位が高くなるほど、残業が増え、休暇の消化率が悪くなる傾向にある。そして最近では、雇用不安や業績主義の強化など職場環境が厳しくなって、一般労働者の休暇取得率が下がってきているようだ。２００４年に取得されなかった休暇日数が1人当たり平均2・2日へと上昇した。これに対して、日本では、平均年次休暇日数18日のうち取得したのが8・5日、消化率47％でしかない。

長期休暇（ウアラウプ）はドイツ人にとって重要な年中行事である。日本で長期の休みといえば、ゴールデンウィーク、お盆、年末年始であるが、これは職場全体が休む「休業日」であり、ドイツの長期休暇とは違う。休暇とは、働いている人自身が休みたい期間を決めて取るものなのである。

長期休暇は学校が休みになる夏に取ることが多い。この時期にはバカンスに出かける車がアウトバーンに殺到するので、少しでも混雑を緩和するために、学校の夏休みの時期が州ごとに一週間ずつずれている。それでもアウトバーンは渋滞になる。それに、休暇から帰ってくる車の列と休暇に向かう車の列とで、アウトバーンの両車線で渋滞が起きることがある。

余暇の過ごし方

日本では会社の外でも、そして休みのときでも、同僚や上司との付き合いがある。これはドイツ人の目にはとても異様に映る。ドイツでは、仕事が終わって会社を一歩出れば、そこからプライベートな生活が始まる。そしてプライベートなときには、家族、隣人、友人などと一緒に過ごしたり、自分の趣味に興じたりする。同僚や上司と飲みに行くことは少ない。

週末や休日などの余暇時間の過ごし方は日本より個性的である。友人を訪ねたり、自宅に招待したり、コンサート、芝居、山歩き、スポーツ、趣味などを楽しんだりしている。また、住まいの補修や模様替え、庭仕事などにいそしむ人も多い。いずれにしろ、一日中テレビを見たり、ゴロ寝をしたりして、大切な休日を「無為」に過ごすことはない。

余暇時間を利用して教養や資格を身に付けようとする人のために、公共機関や教会、労組、政党系の財団などが多様な講座を提供している。そのなかで重要なのは1919年に創設された「市民大学」で、全国の市町村1000ヶ所で開設されている。市民大学には外国語、芸術・工芸などから禅に至るまでさまざまなコースがある。日本語コースも珍しくはない。日本のカルチャーセンターと違って、地方公共団体など公的機関や公益法人によって運営されているので受講料が非常に安く、コースによっては正規の資格も取得できる。受講者は全国で約640万人おり、その60％が25歳から49歳の比較的若い年齢層である。

家の外での余暇活動の拠点となっているのが「クラブ」である。クラブは同好の士が集まって作るもので、スポーツ、合唱、乗馬、切手収集クラブなどさまざまである。その主流となるのがスポーツクラブで、ドイツ人の4人に1人がこれに所属しているといわれている。

日本は主に学校のクラブ活動としてのスポーツが中心で、団体競技に偏りがちである。これに対して、ドイツの「クラブ」は学校とは関係なく、どのスポーツ種目にも地域ごとのクラブ組織があり、地域のさまざまな年齢層の人々が集まってスポーツを楽しんでいる。また、グラウンドやクラブハウスなど設備も充実している。ドイツでは生活圏が小さくまとまっていて、住民は自分たちの独自の文化や歴史を非常に大切にしており、郷土愛が生まれやすい。だから、自分たちの町のクラブを地域で支えようという意識が強い。

ドイツ人も旅行好き

1958年に外貨持ち出し制限が撤廃されて、ドイツに外国旅行ブームが到来した。ドイツ人の憧れである太陽輝く南の地を求めて南ヨーロッパに押し寄せ、スペインの海岸などに別荘を持つ人が増えた。統計によれば、旅行の目的地はドイツ国内（全体の29％）を筆頭に、スペイン、イタリア、オーストリア、ギリシアと続く。ヨーロッパ外は全体の14％くらいである。旅行形態は宿泊のついたツアーが主体で、旅行全体の50％弱を占めている。また、旅行先や宿泊先の選択にあたって参考にするのは、インターネット情報、友人などからの口コミ、旅行代理店のパンフレットなどである。今後は宿泊日数が短くなる一方で、旅行件数は増加していくと予測されている。その増大の牽引役は、日本と同様に、シルバー世代である。

ドイツ人の旅行の仕方は日本人とかなり異なっている。日本人は短期間にできるだけたくさんの土地を訪れ、できるだけたくさんのものを見ようとする傾向がなお強いが、ドイツ人はこんな目の回る、落ち着きのない旅行はあまりしない。彼らは心身の休息を第一に考え、1ヶ所に腰を落ち着けてのんびりと一日を過ごすのである。おまけに、休暇先で無駄なお金を使わなくていいように、たくさんの荷物を抱えて旅行に出る。ドイツ人は旅先でも倹約家である。

休暇も万事計画的に

ドイツ人がいかに休暇を大切にしているかはアンケート結果にもよく表れている。家計が苦しいときでも節約したくないものは、という質問（複数回答可）に、食料品と答えた人が34％、健康・医療が32％、長期休暇旅行が28％、余暇活動27％であった。ドイツ人が愛してやまない自動車（25％）を抑えて、休暇が堂々3位に食い込んでいる。ただし、短期旅行（2～4日間）を挙げた人は10％足らずで、下位に甘んじている。短期の旅行は削っても、通常数週間に及ぶ休暇旅行は譲れない、ということなのである。そして、70％の人が、年の始めにもうその年の休暇旅行計画（たいていは夏のバカンス旅行）を具体的に立て終えているということである。

ドイツでは年末あたりになると、会社が従業員に翌年の休暇取得計画を提出させる。これには、真剣で、合理的な理由がある。ドイツでは長期休暇（3週間以上連続して）を取るのが普通であるから、同じ時期にみんな一斉に休みを取ったら仕事に支障がでることになる。そこで休暇の時期をできる限り調整できるように、年末頃に休暇の予定を申告させている。

これは働いているほうにも好都合である。休暇のハイシーズンである夏には交通機関やホテルなどが込み合うので、早めに予約しておかなくてはならない。計画好きが多いドイツでは、このようにして事前に休暇取得時期がわかっていれば、滞りなく休暇の準備を始められることになるのである。

この長期休暇を支えている制度の一つに「休暇代理人」というものがある。これは、ある人が休暇でいない間、同じ職場の別の人が仕事を代理することである。不在中でも仕事の継続性や職場の機能がある程度維持できる。サラリーマンだけでなく、医師、弁護士、薬剤師、税理士などほとんどすべての職業で、基本的にはみな自分の休暇代理人を持っている。休暇を大切にし、それを長期にしっかりと取るというドイツ人の考え方がよく表れている。

ただし、代理の人は自分の仕事に加えて他人の仕事までしなくてはならないので、仕事がいつもどおり行われているとはいえない。さらに、日本人の感覚では少々無責任に思えるが、休暇の代理をしている人までもが休暇に入ってしまうことがある。いずれにしろ、7月と8月は長期休暇の季節として社会全体の活動量も少なくなっているから、大きな支障にはならないようだ。

病気になっても給料は保証

病気で欠勤する場合、2日間までは電話など口頭でそれを告げれば会社を休めるし、賃金も保証される。2日を越えて休むときは、医師の診断書を提出して出勤できないことを証明しなくてはならない。病気による欠勤の場合は、6週間まで会社は賃金を100％継続して支払う義務がある。

歴史的にいえば、この給与を補償する制度はホワイトカラーについてはすでに1931年からあって、給与一部支払いと医療保険の傷病手当とによって、収入が確保されることになっていた。ブルーカラーについては、4ヶ月にわたる金属労働者によるストライキの末、57年から同様の制度が導入された。その後69年に賃金支払継続法ができ、雇用主が病気欠勤6週間までは給与を継続して支払い、この期間を越えたら医療保険が肩代わりして傷病手当を給付することになった。これにより医療保険は最初の6週間については傷病手当を支給する必要がなくなり、負担が大幅に軽減された。

医療保険から受け取る傷病手当は税込み給与の70％相当額で、3年間のうちに最長78週間（約1年半）にわたって受け取ることができる。また、12歳以下の子供が病気になって家で看病しなくてはならない場合、子供1人につき年間10日まで（ただし複数の子供がいる場合は合計で年間25日まで）この傷病手当を受けることができる。配偶者がなく、1人で子供を養育している場合は、2倍の20日まで（同じく50日まで）受給できる。

だが制度を悪用する者はいる。診断書の要らない病気欠勤が月曜日と金曜日に集中しているという統

教　会　税

ドイツでは税金申告書に必ず「宗教・宗派」を記入する欄がある。この何気ない欄が意外に重要なのである。ここにカトリックまたはプロテスタントなどと記入すると、所得税の8～9％に相当する金額が教会税として源泉徴収される。徴収された教会税は、信者数に応じてカトリック教会とプロテスタント教会に分配される。

教会税の前身といえるのが5､6世紀頃からあった「10分の1税」である。これは、土地から得られる収穫物、例えば穀物、果物、ワイン、畜産や狩猟による食肉、ミルク、卵、バター、蜂蜜など収穫物の10分の1を、聖職者の生活を支える糧として大司教（教会）に収めるという制度であった。10分の1税は本来物納であったが、聖職者がローマ教皇に支払わなければならない「教皇10分の1税」にならって、13世紀あたりから金銭で納められるようになった。この制度はドイツでは19世紀の農民解放まで続いた。

教会税の徴収は現在では憲法（基本法）で定められている。教会税は地方税であり、州政府が徴収して州内の各宗教団体に分配する。税率は州によって異なり、南部の州では所得税の8％、北部の州では9％となっている。洗礼など何らかの形でキリスト教会に所属すると教会税納付義務が生じ、教会から脱会すれば納付義務はなくなる。教会を脱会した証明書を持って居住地区の裁判所で手続きをすれば、次から教会税を引かれることはなくなる。1980年代以降、景気低迷や失業増大などを背景に、教会を脱会して教会税を節約し、少しでも支出を減らそうとする人が増え、教会脱会者が急増した。しかし、最近になってこの動きに歯止めがかかり、教会へ戻る人たちが徐々に増えている。

キリスト教会の収入の3分の2はこの教会税によるものであり、この財源をもとに社会福祉事業･慈善活動など公益性の高い活動をキリスト教の教えに基づいて行っている。ドイツのキリスト教会のこうした活動は活発で、世論やマスコミの注目度も高い。キリスト教会は、病院、老人ホーム、介護施設、青少年施設、障害者施設、幼稚園、カウンセリング、「命の電話」、駅構内相談所、そして福祉分野の職員や指導者養成のための教育施設（アカデミー）などを運営している。特に、駅にある相談所は100年以上にわたって運営されており、旅行中の人が困っているときに援助の手を差し伸べたり、困窮している人に食事を出したりしている。これをあてにしているホームレスも少なくない。

ドイツには現在、6つの主要な民間福祉団体がある。それは「ドイツ赤十字社」、労働組合系の「労働者福祉団」、カトリック系の「ドイツ・カリタス会」、プロテスタント系の「ディアコニー事業団（社会奉仕団）」、政党や宗派などに関係のない中立的な「ドイツ・パリテティッシェ福祉連合会」、ユダヤ系の「ドイツ・ユダヤ人中央福祉会」である。

これらの団体が運営・組織する福祉施設や福祉事業は、専従職員のほかに多数の市民ボランティアにも支えられている。この民間福祉団体の重要度は、例えば次のような数字からもわかる。全国の入院患者の約40％、高齢者の60％近く、幼児の65％が、これらの福祉団体が運営する施設（病院、老人ホーム、介護ホーム、保育園、幼稚園など）を利用しているのである。その施設のなかには何百年もの歴史を持つものもあり、今でも寄付金が寄せられスタッフやサービスの質の向上に大いに役立っている。ただ、寄付やボランティアが支えているのはほんの一部分であって、運営資金の90％は税金に頼っているという現実もある。

また、福祉団体は雇用面でも大きな存在である。上記のカリタス会は50万人の職員をかかえるドイツ第2位の雇用主であり、ディアコニー事業団（45万人）、ドイツ赤十字社（7万5千人）などを加えれば、福祉団体が国内の雇用をも担っているといえるのである。

計がある。週末と合わせて3連休や4連休を取る人がいるのだ。企業側からこの制度の改善を求める声が強いが、労組などの反発でなかなか思うように進んでいない。調査員を雇って予告なしに欠勤者の家庭を訪問させ、仮病欠勤の摘発に乗り出した企業さえある。

ただ、このところの不景気を反映して、病気欠勤が減少傾向にある。1980年には病気欠勤日数が1人当たり年間15・7日と最高水準に達したが、2005年には6・2日へとほぼ半減している。雇用不安や職場での競争の激化などにより、景気のよいときに比べて病気を理由に欠勤する回数が少なくなっている。不景気が長引けばこの傾向も続いていくと見られている。

日曜・休日労働の禁止

週休2日制の国ドイツでは、例外はあるものの、基本的には現在でも日曜日や祝日に仕事をさせることは法律で禁じられている。ドイツの憲法である基本法の第139条では、日曜日と祝祭日は仕事を休む日と定められている。土曜日は必要に応じて仕事をさせてよいことになっていて、工場などでは忙しいときには土曜日も機械を動かして残業する。しかし、日曜日には必ず休まなくてはならない。

こういった規則がない日本と同じ土俵では太刀打ちできないとして、ドイツの産業界はこれを撤廃するよう政府に再三求めている。日曜労働禁止撤廃については、労働組合のみならず、キリスト教会も強く反対している。

というのも、キリスト教では日曜日が労働をしない安息日とされているからである。「安息日」というのはもともとユダヤ教の考え方である。旧約聖書にもあるように、神が天地を6日間で創造し、7日目に休息したとされ、ユダヤ教は金曜日を安息日とした。キリスト教の場合は、イエス・キリストが復活したのが日曜日であるとして、321年に当時のローマ皇帝コンスタンティヌスがこの日を「太陽の日」（＝日曜日）と名づけ、安息日にあてることを法律で定めたのである。中世の頃は、安息日の決まりを破るものは厳しく罰せられたり、教会のミサに行かなかった者は鞭で打たれたうえ、頭を丸刈りにされたりした。キリスト教徒が国民の大多数を占める現代ドイツでは、日曜日は仕事をせず、家族で教会のミサに行き、家で静かに過ごすことになっている。そのため、日曜日に芝刈機の騒音を立てながら庭の芝を刈るなどというのはもってのほかである。

しかし、キリスト教はドイツの国教ではない。ドイツの人口のほぼ3分の2がキリスト教徒で、その内訳はカトリックとプロテスタントが半々である。地域別に見ると、旧西ドイツ地域ではカトリックが43％、プロテスタントが38％で、旧東ドイツ地域ではプロテスタントが27％、無宗教が67％となっている。共産主義体制のなかで宗教活動が抑圧されていた旧東ドイツ地域では無宗教者の割合が高い。その影響もあってか、旧東ドイツ地域のほうが商店の日曜営業を求める声が強い。

ドイツの学校には宗教の時間があり、カトリックとプロテスタントのそれぞれの教会が授業を受け持つ。だが、近年、日曜日ごとの礼拝など教会に定期的に行く人の数は減少する傾向にあり、教会離れが進んでいる。他の宗教の信者としては、ユダヤ人（ユダヤ教）が約10万人、イスラム教徒がトルコ人を中心に約320万人いる。

風変わりな法律——閉店法

ドイツの商店は夜は8時までに閉店し、日曜日と祭日には完全に閉まっている。これは閉店法という法律で決まっている。だから、年中無休で24時間営業のコンビニなどはない。

閉店法は1900年にまでさかのぼる。法律制定の目的は社会的弱者であった労働者を働きすぎ、働かせすぎから守るためであった。安息日というキリスト教的価値観もその背景にあった。当時、たいていの商店は毎日14～16時間も営業していたが、閉店法により営業は14時間を上限とし、21時から翌日の5時までは店を閉めることが定められた。第二次世界大戦が始まって、商品の不足とエネルギー節約の観点から、平日の営業時間は17時までに短縮された。しかし、戦後再び19時に戻された。その後西ドイツでは生活が豊かになるに従い、働く人たちの労働条件改善に対する要求が高まり、労働組合を中心に営業（労働）時間の短縮を求める声が強くなった。56年にようやくのことで新しい閉店法が成立して、平日は18時30分まで、土曜日は14時までと定められた。すると今度は消費者のほうが利便性のために変更を求めだして、86年に木曜日だけ20時30分まで営業できることになった。そしてさらなる法律改正により、96年から営業時間が延長され、平日は20時、土曜日は16時までとされた。2003年にはさらに法律が改正されて、土曜日も20時まで営業可能となったのである。

日曜日は薬局、キオスク、ガソリンスタンド、駅など交通機関の発着所施設内の商店、観光・保養地などにある観光客向けのみやげ物店などを除き、営業が禁止されている。ベルリンのあるデパートはこの規則を逆手にとって、すべての商品に「土産物」というステッカーを貼り、日曜日に営業を強行した。当日は買い物客が大挙して押しかけ、すさまじい盛況となった。このような状況を背景に、特に旧東ドイツ地域の州政府や業界を中心として、日曜営業規制の緩和を求める声が高まった。

景気回復が思うように進まないなか、消費者の利便性を向上させ、個人消費を喚起するため、閉店法の抜本的改正が議論された結果、営業時間に関する規則は各州政府が独自に決めてよいことになった。これにより大半の州では、平日に関しては営業時間の規制が撤廃され、24時間営業が可能になると見られている。ただし、日曜・祭日の営業規則は従来のままであろう。

ドイツにはこのほかにも、値引き幅（3％まで）、バーゲンセールの時期（夏と冬の年2回だけ）、値下げ価格の表示方法など、さまざまな規制があった。

例えば値引き制限法。「バーゲンセールを除いて、定価の3％を越える値引きをしてはならない」と、この法律は規定している。これは1933年に当時のヒトラー政権が、小売業者保護を名目に定めたものだった。しかし、近年値引き制限法の規制を受けないネット販売が急速に拡大してきたうえ、市場統合・通貨統合でEU内の流通が盛んになって、国内の消費者が値引き規制のない国外に逃げていくことにもなりかねず、ドイツは2001年にようやくこの法律を廃止したのである。

また、バーゲンセールを制限していた不公正競争防止法が改正され、2004年7月からはいつでもバーゲンセールができるようになった。これにより、100年近い伝統を持つ全国一斉の夏冬期末大バーゲンセールが姿を消すことになった。

●定年を夢見る

ドイツ人と日本人は勤勉な国民としてよく知られている。しかし、その働き方はかなり違っている。ドイツ人は勤務時間内に集中的に働き、自由時間はプライベートな時間として仕事と明確に一線を画している。アフターファイブや週末などの自由時間を大切にし、仕事とはまったく関係のない時間を家族や友人・知人などとともに過ごす。

毎年夏の長期休暇に向けて計画を練り上げる一方で、退職後の年金生活をも心待ちにしている。ドイツの会社には日本のような定年制はなく、年金受給開始年齢（通常65歳）が即退職年齢である。この年齢を越えてまでも会社にとどまろうとする人は少ない。ただ、最近ではこの意識に変化が現れてきている。あるアンケート調査によると、60歳を越えて働き続けたくはないとしている人は1996年に50％いたのが、2002年には35％にまで減っている。一方、65歳またはそれ以上を退職年齢と考えているのは19％から20％に微増している。しかも、ドイツでも自由業や自営業の人たちのなかには、生涯現役でいたいと考えている人も少なくない。ただ日本人は一般的に、体が動けるうちは仕事をしていたいと考えるが、ドイツ人は年金生活をそれまでの労働生活から得た人生の報酬と考え、退職後の人生を楽しもうとする傾向が強い。だから、年金生活に入ってもなお働こうとは思わない。社会保険制度が導入された19世紀末当時、ドイツでは65歳以上の人々は全人口の5％に過ぎなかった。年金保険の普及とともに、「年金生活者」という新たな階級が誕生したといわれている。年金生活は職業生活を終えてから味わえる「遅れて来た自由」と呼ばれ、老後という新たな概念が生れたのである。

日本人が定年後も何らかの仕事を続けていたいという背景には、職業生活が終わると社会生活から完全に疎外されるに等しい状況になるからだと、指摘する知日家のドイツ人識者もいる。多くの日本人は会社人間として家庭や地域社会との関わりが弱かったので定年後の生き方に戸惑い、組織を離れた一人の自立した人間としての時間に不安を感じているのだ、という意見には考えさせられる点が多い。加えて、日本では退職後に暮らし向きが悪くなると考える人が多く、「退職」自体を否定的にとらえる傾向がある。

定年後の過ごし方は日本と似ているところもある。友人たちに会ったり、クラブで趣味やスポーツに興じたり、カルチャースクールに通ったり、貸し切りバスでの日帰り旅行や買い物旅行を楽しんだりする。冬にはスペインのマジョルカ島に太陽を求めて旅行する人も多い。また教会の活動に積極的に参加して、地域に貢献する人もいる。ドイツでは1200万人以上の人がボランティア活動をしているが、そのなかにはシルバー世代もたくさん参加している。わけても日本ではあまり見られないのが、大学で学ぶ高齢者世代である。多くの大学がシルバー世代のための特別講座を開いている。受講料としてわずかの額を支払うだけである。さらには聴講生または正規学生として通常の講座に通う人も少なくない。なかにはじっくり腰を据えて勉強し、博士号を取る人もいる。

老人お断り

フランクフルト大学は、シルバー世代の学生に対し、講義などへの出席を制限していく方針である。この大学では年間5千人のシルバー学生が登録しており、人文系の講座には出席者の80％をこの世代が占めているものさえある。年金世代の人たちは時間の余裕があるから、講義の30分も前に講堂に来ていい席をとってしまう。正規の学生の一部は、しかたなく床に座ったり、立ったまま講義を聴いたりしなくてはならない。そこで、正規学生の席を確保するため、シルバー学生が出席できる講座を制限しようというのである。これはもともと、大学を運営する州政府が大学施設やカリキュラムの拡充に必要な予算を出し渋っていることに起因しており、そのつけを年金世代に回そうとしているのだ、との批判もある。

いずれにしろ、大学のこの措置により、シルバー学生が出席できる講座は大幅に減らされるので、残るは大学が提供する「熟年講座」に1学期当たり80ユーロ（約1万1200円）の講座料を払って参加することぐらいしかない。この講座以外のものに出席しようとしたら、学期当たり100ユーロ（約1万4千円）の授業料が必要となる聴講生にならなくてはならない。こうなっても大学に通い続けるべきかどうか、年金で生活しているシルバー学生の多くが思い悩んでいる。正規の学生として入学すれば、シルバー世代の授業料は第1学期目に500ユーロ（約7万円）、2学期目に700ユーロ（約9万8千円）、3学期目に900ユーロ（約12万6千円）と増えていくのである。

「労働」に秘められた思い

年金生活を待ち焦がれるドイツ人の心の中には、労働に対する基本的な考え方が表れているような気もする。ドイツ語で労働は「Arbeit」（アルバイト）という。日本語の「アルバイト」はもともとはこのドイツ語からきたものであるが、ドイツでは労働一般を意味し、臨時的でパートタイムのような仕事だけをさしているのではない。

この「Arbeit」はもともと「苦労、労苦」という意味であった。この精神的背景には旧約聖書の失楽園の物語がある。人類の祖先であるアダムとイブは楽園で何不自由ない暮らしをしていた。働かなくても、食べ物は手を伸ばせばすぐに手に入った。しかしあるとき、禁断の木の実を食べたばっかりに、楽園を追われて地上にやってきた。ここでは農作業をしたりして働かないことには、食べるものも着るものも手に入らない。楽園で罪を犯したので、人間は生きるために地上でつらい仕事をする、という罰を受けているのである。このように否定的な面が強調されていた「Arbeit」に、より肯定的な意味あいを与えたのが16世紀の宗教改革者ルターである。彼は、労働または職業は神が人間に与えた使命であり、働くことは神の意思を実現することであると説いた。そこで人々は、一生懸命に働いて財産をつくることは神に祝福されることだ、と考え始めた。勤勉が美徳になったのである。

ドイツ人が勤勉な理由の一つはこんなところにあるかもしれないが、同時に肯定的な意味になる前の「Arbeit」のイメージもまだ心の奥底で引きずっているようで、年金がもらえるようになるとさっさと仕事をやめて年金生活に入る。あくせく働くこともなく、職場のストレスもない楽園のような（？）年金生活を待ち望む人が圧倒的に多い。老後の生活が経済的にもバラ色だという確固とした見通しがあるわけではないのに、「退職して自由な生活を得る」ことがドイツ人の心の中にはまるで強迫観念のようにある。

ドイツ流ワークシェアリング——中高年パートタイム労働

中高年パートタイム労働制度は失業対策の一環としてできたが、同時にドイツ人の年金生活に対する考え方にも合致しているものである。

この制度は端的にいえば、55歳以上の人が自分の仕事を失業中の人と労働時間から見て半分ずつ分かち合うことである。その分かち合い方は2通りある。一つは1日の労働時間を半分ずつにして仕事を分かち合うやり方で、もう一つは仕事をする期間と休む期間を決めて交代するものである。このワークシェアリングを続けていって、年金受給年齢に達したら中高年の労働者は退職し、職場は分かち合っていた相手のものとなる。

ワークシェアリングにより、中高年労働者の給与は直前の手取り給与の80％程度に減らされる。年金も満額の年金とはならない。失業者を採用した会社は労働局から費用補助を受け取る。このワークシェアリング制度の適用を受けるかどうかは、会社と話し合ったうえで、働いている人自身が自由に決めることができる。従来までは、この制度を利用すれば60歳からすでに年金を受給できたが、現在ではこれが65歳に引き上げられている。それでも60歳から年金をもらいたい場合は、年金額が減額される。

収入が少々減るものの、ドイツ人が大切にしている余暇、夢見る年金生活を早めに手にすることができるというメリットがある。労組も労使交渉の重点項目に中高年パートタイム労働制度の拡充を掲げている。

年金は70歳から―ドイツのある新聞記事から―

多くの人たちにとって、遅くとも65歳で夢が実現する。もう働かなくてもよいのだ。やっとのことで人生を満喫できる。仕事のストレス、職場でのイライラは過去のものとなる。そして、家族や趣味のための時間が増える。年金生活の良い点を書き上げたらきりがない。

そこで重要なのが年金受給開始年齢である。昨今の政界での議論を見ると、「70歳からの年金開始」が話題になっている。いったい誰がそんなに長く働こうというのだろうか。大半のサラリーマンには悪夢にほかならない。

多くの人にとって、中高年パートタイム労働制度は希望の光だ。老後をよりすばらしく、より魅力的にするために、職業生活から年金生活への架け橋となるこの制度を利用する人は多い。

例えば、公務員のA氏。A氏は55歳から60歳の間にこのパートタイム労働制度を活用できる。この期間中の賃金は、喜ばしいことに、フルタイムのときの83％以上である。A氏の夢が実現する。すでに60歳で、当然の報酬として、年金生活に入ることができる。A氏の年金額は、フルタイムでずっと働いていた人より、ほんのわずか少ないだけである。

（2000年8月26日付「南ドイツ新聞」の記事を要約して掲載）

IV

直面する問題

ドイツ再統一と社会保障制度

◆再統一は大きな財政負担

1989年11月9日、ベルリンの壁が崩壊し、翌90年10月3日にドイツは再び統一された。統一は、西ドイツの憲法にあたる基本法第23条に基づく、東ドイツの西ドイツ(ドイツ連邦共和国)への加盟であると、統一条約の第1条に明記された。統一後は、西ドイツの正式国名である「ドイツ連邦共和国」と西ドイツの憲法「基本法」が、そのまま受け継がれた。

このような経緯もあって、統一ドイツは旧西ドイツの方式を採用することになった。通貨は西ドイツのマルクを採用し、一定額までは1対1、これを超えるものは2対1の比率で東ドイツ・マルクが西ドイツ・マルクに交換された。この通貨交換措置は統一ドイツにとって後々まで大きな負担となった。経済システムでは、東ドイツの国家主導型計画経済は廃止されて、西ドイツの市場経済が導入された。

社会保険は西ドイツの制度を基本に整備され、旧東ドイツ地域に失業保険が新たに導入された。共産主義国の東ドイツは失業する人間のいない社会建設を建前としていたので、当然のことながら失業保険がなかった。実際には、余剰人員であっても解雇したりすることはせず、配置転換などでしのいでいた。この影響で潜在的失業が増大し、生産性が伸びなかった。また、社会保険は一元化して国が管理し、負担を抑えていたが、医療保険以外の給付は非常に低かった。特に老齢年金は傷害年金よりもかなり低く、最低限の生活を送ることさえできなかった。遺族が就労可能であれば、遺族年金さえ支給されなかった。

もっとも賃金生活者の状況も良いわけではなかった。このような旧東ドイツにおける社会保険の再構築、特に失業保険新設や年金水準の引き上げに伴う負担は、統一ドイツの財政に重くのしかかった。この膨大な負担はいまだにドイツの財政の重荷となっている。

さらに、経済・社会基盤が壊滅的な状態にあった旧東ドイツ地域に対して、統一後に重点的に資金が投入された。東部地域の経済復興と社会資本整備のために合計5千億ユーロ（約70兆円）が投じられた。この統一コストを補うために、1991年に連帯付加税が導入された。当初は1年間だけの措置とされていたが、その後延長されて現在では無期限となっている。導入に際して旧西ドイツ内に反対論があり、今でもこの税金の存廃議論が時折頭をもたげてくるが、東部地域復興のための重要な財源となっているのは確かである。

◆壁が消えて新しい壁が

旧東ドイツ地域は経済力や生産性がまだ旧西ドイツ並みになっていないので、賃金や年金額が低く抑えられている。賃金ばかりでなく、労働時間や休暇日数でも東西格差がある。週労働時間を比べると、西部地域の平均所定労働時間は37・4時間であるのに対し、東部地域では39時間となっている。

統一10年目にあたる1999年でも、製造業で働く人たちの給料は旧西ドイツ地域の73％程度でしかない。その後、給与月額では東西の格差が縮まってきてはいるが、旧西ドイツ地域で支給されるようなクリスマス手当をはじめとする諸手当がまったく払われないか、支払われたとしてもかなり低い水準に

東西格差：州別失業率（2005年平均）

	州　　名	失業率(%)
西部ドイツ地域	バーデン・ヴュルテンベルク	7.0
	バイエルン	7.8
	ラインラント・プファルツ	8.8
	ヘッセン	9.7
	ザールラント	10.7
	ハンブルク	11.3
	ニーダーザクセン	11.6
	シュレースヴィヒ・ホルシュタイン	11.6
	ノルトライン・ヴェストファーレン	12.0
	ブレーメン	16.8
※	ベルリン(再統一に伴って東西ベルリンが統合)	19.0
東部ドイツ地域	チューリンゲン	17.1
	ブランデンブルク	18.3
	ザクセン	18.3
	メクレンブルク・フォアポメルン	20.3
	ザクセン・アンハルト	20.3

東西格差：標準年金額（手取り額）の比較

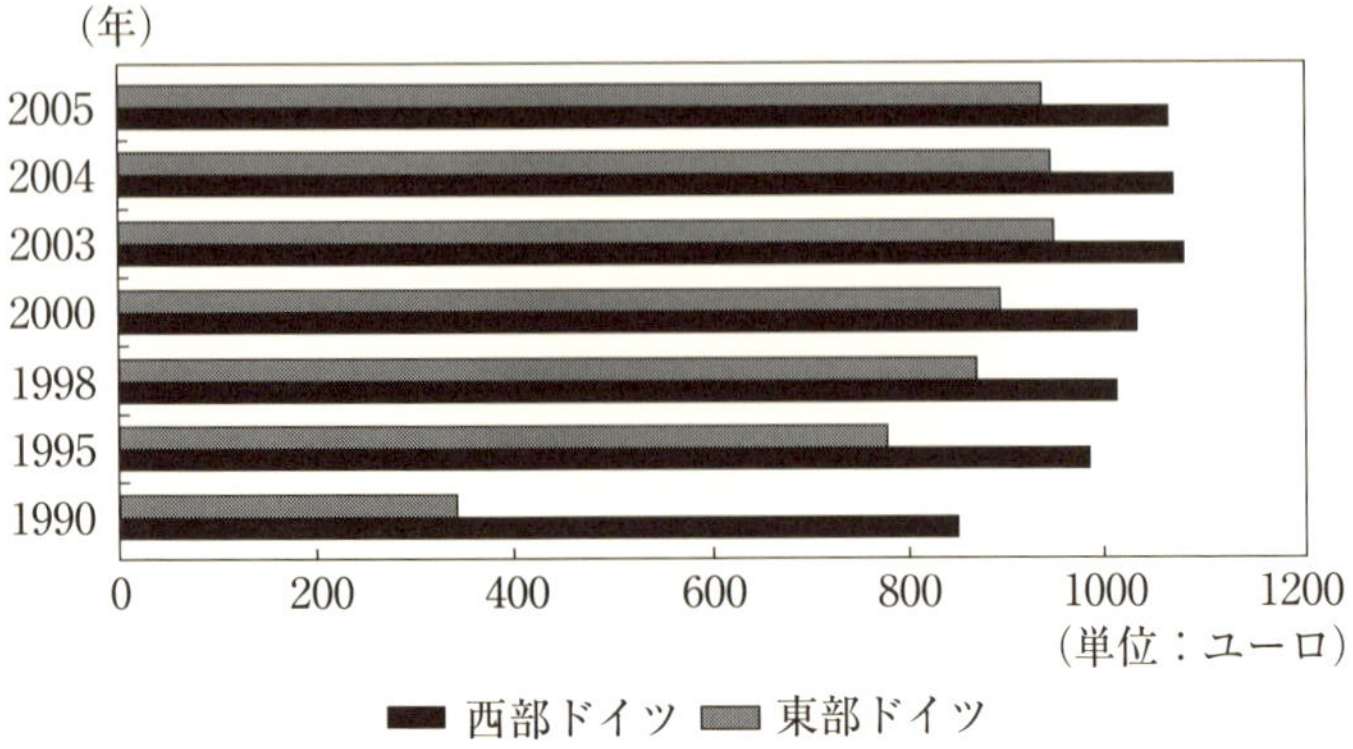

とどまっている。

また、女性をめぐる状況も統一後大きく変わった。旧東ドイツでは、国の支援策もあって、90％の女性が職業を持っていたが、再統一後東部ドイツの経済が振るわなくなり、特に女性の失業者が増大した。1994年の時点で失業率は19・2％を記録して、男性の2倍となった。大量失業、将来への不安を反映して、出生率と女性の婚姻率が急速に落ち込んだ。人口1千人当たりの出生数が、旧東ドイツ時代に13人以上あったのが、93年には5・1人にまで減少した。その後6・0人にまで持ちなおしたが、それでも旧西ドイツ地域の10～11人に比べるとかなり低い水準にある。

旧東ドイツ地域の高い失業率、賃金や生活水準の格差という現実の問題に加え、東西両地域の人々の間にはわだかまり、反感、不信、差別・被差別意識がある。「人々の頭の中には新たな壁がある」と言われている。

再統一とともに東部ドイツでは社会システム、価値観、生活などが根底から変わり、職場を失う人や職が見つからない人が増加し、新しい社会状況に適応できない人たちがでてきた。東部地域では多くの人たちが仕事を変え、新しい職業を習い、生活環境を新たに築かなければならなかった。西部ドイツの人々は東部ドイツの状況に対する関心が薄く、東部の人たちがこの15年以上にわたって生活や社会における困難を克服し、新しい社会に適応しようとしてきた努力に対する理解も評価もあまり示さない。

東部ドイツ地域の経済が復興し、生活水準の格差がなくなり、東西両地域の人々が互いに理解し合える「真の統一」まではなお時間がかかりそうだ。

◆消費税が19％に

２００６年5月、ドイツの国会は付加価値税（日本の消費税にあたる）を、07年より現行16％から19％に引き上げることを決定した。これは戦後最大幅の税金の引き上げとなる。日本でも福祉目的の財源とするため消費税を引き上げようとする議論があるが、ドイツの場合は財政の健全化と社会保険負担の引き下げを主たる目的としている。ヨーロッパ共通通貨「ユーロ」を導入している国は、新規の財政赤字をＧＤＰの３％以内に抑えることが義務づけられているが、ドイツはこのところ何年にもわたってこの義務を守れずにいる。そこでこの増税を財政赤字圧縮の財源に使おうというのである。

また、今回の付加価値税の引き上げに伴って、失業保険の保険料を2％下げて、４・５％にすることも決定された。これにより、労使双方にとって社会保険負担の軽減となる。

日本の消費税５％に比べると、ドイツのそれは16％と格段に高いように思えるが、ヨーロッパ諸国の中ではこれでも低いほうである。ドイツより付加価値税率が低いのは、スイスの7・6％とルクセンブルクの15％だけであり、同じく16％のスペインを除けば、軒並み20％前後である。最高税率は、ノルウェー、スウェーデン、デンマークの25％である。

ドイツの付加価値税率が16％とはいっても、これには例外措置があって、書籍、食料品、ペットフード、切花などについては7％に抑えられている。これに対して、食料品と同じくらい生活に重要なはずの医薬品には例外措置が適用されず、16％の付加価値税がかけられているのである。

外国人の問題

◆外国人労働者募集

戦後の経済成長期に人手不足に悩んでいた西ドイツは、1955年からイタリア、スペイン、ユーゴスラビア、トルコの順に労働者募集に関する条約を結んで外国人労働者を受け入れた。これらの人たちはドイツでは「ガストアルバイター（ゲストの労働者）」と呼ばれている。合法的に「客」として招かれてやってきた人たちなのである。この外国人労働者募集は73年まで続いた。このとき西ドイツにやってきたのは、特別の技能を持たない単純労働者が中心で、ドイツ人の嫌がるきつい仕事をしてドイツの経済成長を陰で支えた。そしてドイツでの生活が安定すると、彼らは本国から家族を呼び寄せた。

1974年までに西ドイツの外国人居住者は約400万人となったが、外国人労働者とその家族が主体だった。80年代あたりからその数が再び増え始め、90年までに520万人に達した。毎年平均10万人が移入してきたことになる。80年から90年にかけてドイツから国外に移住していった人の数は約400万人である。そして、東ドイツ市民や東欧・ソ連といった共産圏諸国に住むドイツ系住民の移入が、80年から87年までは年間6～7万人程度であったのが、東欧の民主化の波が起き始めた88年から急増し、90年には40万人となった。80年代だけで、約100万人の外国人と約180万人のドイツ系市民が、西ドイツに移り住んだことになるのである。

また、東ドイツも同様に、ベトナム、アンゴラ、モザンビークなどの旧共産圏から労働者を募集して、労働力不足に対処していた。これらの外国人労働者は、再統一に伴って仕事を失ったうえ、本国も帰国受け入れを拒んだため、東部ドイツに残留せざるをえなくなった。失業と生活の困窮に不満を募らせた一部のドイツの若者たちが、これらの外国人に対して暴力をふるう事態にまでなった。

◆高い失業率とネオナチ

再統一後、特に旧東ドイツ地域の若者たちを中心として、アジアやアフリカからきた外国人に対する反感が高まり、暴力にまで発展することがあった。この暴力の波は旧西ドイツ地域にも広がっていき、一部では極右の「ネオナチ」集団と合流した。警察がこれに対して厳しく対処するようになってから、一時の激しさはなくなってきた。

この背景には、東部地域の若者たちの現状に対する不満や屈折した気持ちがある。統一によって今までの価値観が根底から覆され、仕事も思うように見つからず、将来への希望が持てなくなっていた。そういったやり場のない不満や統一への失望感を、より弱い外国人に集団で暴力をふるうことでまぎらわそうとしたのである。

「ネオナチ」とは新ナチズムのことで、ヒトラーの反ユダヤ主義につながるものである。これらの若者たちがみなナチズムの思想を持っていたわけではないが、極右に取り込まれ、利用されていった。1998年には、旧東ドイツ地域での州議会選挙で、外国人排斥を主張する極右政党が若者たちの支持を受け、2桁の得票で議席を獲得した。また、社会のほうでも、若者の暴力をひとくくりにして「ネオナチ」

の仕業と決めつけるところがあり、サッカー・ワールドカップのフランス大会で暴れたドイツ人フーリガンも、ネオナチの悪行とされたのである。

◆移民の国ドイツ

ドイツは国外移住の長い歴史を持っている。飢饉や不況などを主な原因として、歴史の中で国外への移住の大きな波が何度もあった。

17～18世紀には東ヨーロッパとロシアが主な移住先だった。そして数世紀を経た1990年以降に、ソ連解体と冷戦終結を受けて、このドイツ人移民の子孫たちが経済大国となった祖先の国ドイツへ大挙して押しかけてきた。西ドイツは冷戦中、東側地域に居住しているドイツ系住民は無条件にドイツ人として受け入れるという政策を取っていたからである。90年には1年間だけで約40万人が入国してきた。その後入国条件を厳しくしたため入国者の数は半減した。ドイツ系といっても、文化も言葉も習慣もまったく違う人々であるから、受け入れるドイツの社会的・財政的負担はかなり重いものである。

19世紀になってからは米国への移民の波のほうが大きくなっていった。1816年から18年にかけて、ドイツは経済危機に見舞われた。生産技術や工業化が産業革命先進国のイギリスなどよりだいぶ遅れていたため、輸出が伸びないうえ、国内の労働者は賃金が低くて購買力が弱く、製品が売れなかった。19世紀前半の人口の急激な増加がこれに追い討ちをかけて、大量貧困の時代がやってきた。失業率が上昇するなか、大量失業問題の解決策として国外への移民が奨励された。

1815年から米国など海外への移民が増加し、35年までの移住者40万人のうち10万人が大西洋を越えて移住していった。プロイセンでは17年以降海外移民が積極的に推し進められたので、多くのドイツ人が経済的苦境からの脱出と社会的成功を求めて、新天地米国へ移住していった。食料品高騰や飢饉などによる食料不足の年である16～17年、28年、31年、46年～49年には移住者が急増した。その多くは賃金生活者で、農民、手工業者、商人などは少なかった。81年には社会主義者鎮圧法の影響もあって、海外移住者数は約21万人と前年の10倍に急増した。

しかしその後、農業と工業における生産性向上、雇用拡大、交通機関の発達により、19世紀後半には穀物や工業製品の価格が下がり始め、労働者の実質収入は上昇し、大量貧困は一応終息した。これは国外移住にも影響を与え、1890年代には国外移住者が減少した。反対に、ロシア、ポーランド、イタリアなどドイツよりも賃金の低い国からの移入者が増加した。第一次世界大戦前の20年間では、ドイツへの移入者数が国外移住者数を上回っている。

この19世紀の移民の結果として、移民の国米国でドイツ系が第1位を占めることになった。1990年の米国の国勢調査によれば、国民の23・3％がドイツ系、続いてアイルランド系15・6％、イングランド系13・1％、アフリカ系9・6％となっている。つまり米国人の4人に1人がドイツ系である。ドイツ系米国人の数は5800万人で、これは旧西ドイツの人口にほぼ匹敵する。

◆「ドイツは移民国家ではない」

ドイツの人口に占める外国人の割合は、1960年に1％だったのが、70年に5％、2004年現在では8・9％となり、約671万人へと増えた。国別にみると、トルコ人が約176万人で最大であり、セルビア・モンテネグロがこれに続く。つまり外国人の4人に1人はトルコ人である。EU（欧州連合）諸国からはイタリア人約55万人、ギリシア人約32万人などとなっている。外国人の大部分は旧西ドイツ地域に住んでおり、外国人の3分の1が20年以上ドイツで暮らしている。年齢別に見ると、若い世代が圧倒的に多い。

また、国連の移住者に関する調査によると、2005年現在、生れた国以外で暮らす人は、全世界で約1億9100万人にのぼる。そのうち、不法適法を問わず、移住者がもっとも多く住んでいる国はやはり米国で、その数は約3840万人、2位はロシア（1210万人）、3位はドイツ（1010万人）となっている。これに対し、日本はわずか200万人で、受入国としては20位に過ぎない。

ドイツ政府は繰り返し「ドイツは移民国家ではない」と主張してきたが、98年の政権交代を機に、二重国籍の問題が取り上げられ、ドイツで生れ育った子供たちにはその特殊な事情を考慮して、親と同じ国籍を持つほかに、例外的にドイツ国籍も取れるようにした。これに対して野党のキリスト教民主同盟は、1990年のヘッセン州議会選挙で二重国籍反対キャンペーンを展開して選挙に勝った。ちなみに、地方分権の国ドイツでは、国籍の取得に関しては各州が担当していて、滞在許可（ビザ）は市町村の判断で交付されている。

ドイツに居住する外国人

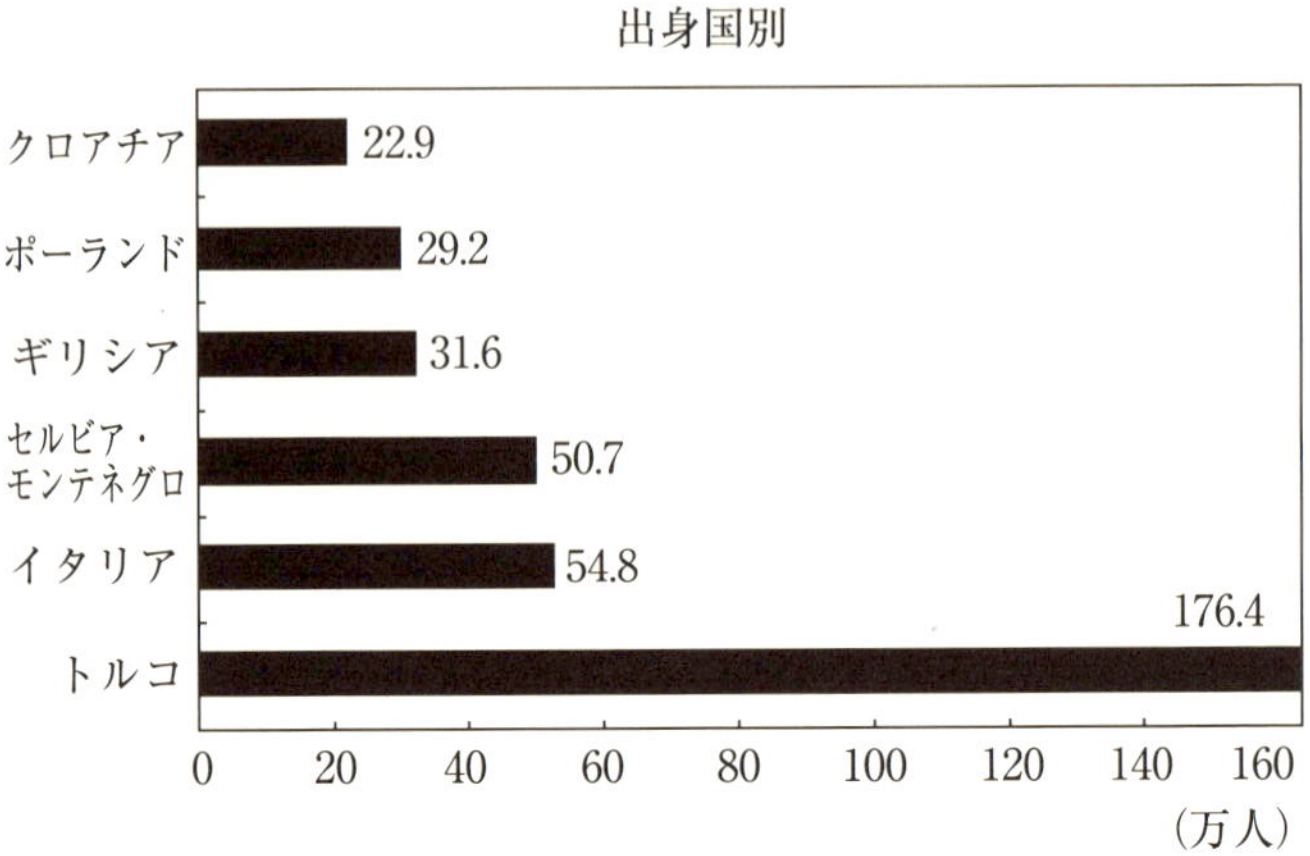

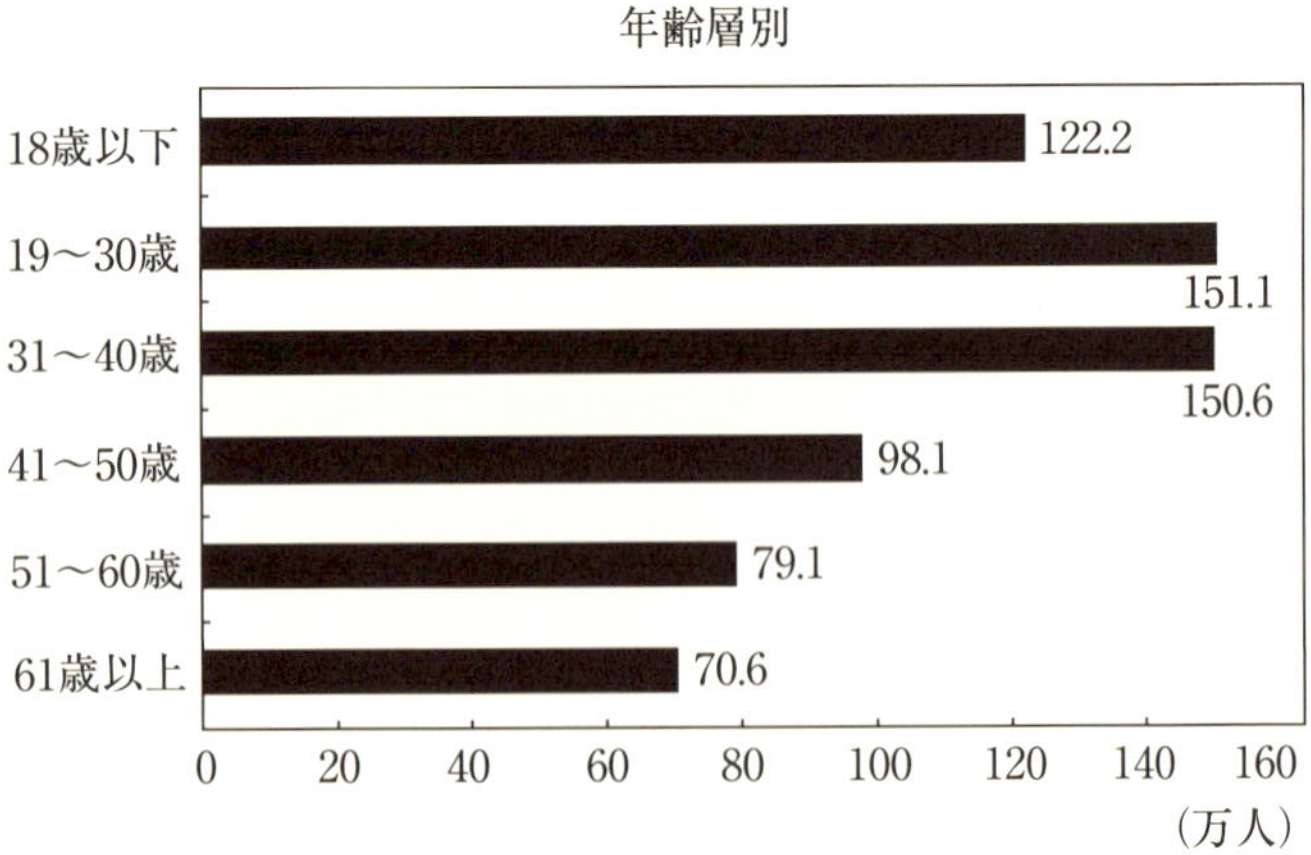

ドイツに居住する外国人労働者のなかには単純労働者やサービス業に従事する人が多く、その雇用は景気に左右されやすい。ドイツ人労働者に比べて失業率がかなり高い。また、外国人労働者の大多数はイスラム系の人たちで、宗教や文化や生活様式が異なるドイツ社会にはなかなか溶け込めないでいる。そして、その家族のなかでは、ドイツ生れ、ドイツ育ちの子供たちが増えている。この子供たちには本当の意味で母国といえるところがなく、ドイツで外国人として扱われる一方で、親の母国に帰ってもその社会に順応しきれないでいる。ドイツで生活している外国人がドイツ社会に溶け込めるように、政府や市民のあらゆるレベルで努力が行われている。

移民の流入はまた別の効果ももたらした。ドイツの高齢化の速度は日本よりもいくぶん緩やかであるが、これはひとつには流入してくる外国人の数がドイツのほうが多く、しかも移民の平均年齢がドイツ人のそれより低いことにもよる。

◆外国人労働者を再び募集

2000年になってドイツは再び外国人労働者の受け入れを始めた。米国などに後れをとったIT分野の専門技術者不足を補うため、2万人規模でインドや東ヨーロッパから技術者を受け入れようというものである。これはドイツ版グリーンカードと呼ばれ、複雑だった労働ビザ取得手続きを簡略化・迅速化した。しかし、受け入れ企業に対しては、滞在期間が5年限りだとか、最低給与額が高めに設定されているとか、いくつか条件があるために受入者数は伸びず、2001年現在で8800人にとどまっている。外国人の応募者にしてみれば、英語だけだと日常生活で支障が多いのでドイツ語を新たに覚えなければならないことや、極右による外国人への暴力に不安を感じていることなども影響している。それでも産業界では、介護をはじめとしてIT分野以外でも外国人の受け入れ拡大を求める声は強い。

このような産業界の声、さらには少子化によって将来的に労働人口が減ることなどを背景に、経済力を維持するための移民の受け入れ拡大について盛んに議論されている。EU委員会の報告によれば、ドイツはイタリア、スウェーデンと並んで、少子高齢化のスピードがEU内でもっとも速く、人口減少を移民によって補わざるをえなくなりそうだ。実際、EU諸国のなかでは、ドイツがEU外からの移民をもっとも多く受け入れている。

外国人に対する意識

あるEU機関のアンケート調査によれば、ドイツでは外国人に対する反感がEU諸国の平均値よりも高いという結果が出た。

特にイスラム諸国からきた人々に対する受容度がEU諸国では一番低く、東ヨーロッパ諸国の人々に対しても平均を大きく下回っている。また、亡命希望者を無条件に認めるべきだとするドイツ人は17%で、EU平均の25%に及ばない。そうではあるが、国内に多様な文化があっても良いと考える人は、EUの平均値を上回っているのである。

ドイツ国内でも、東西地域によって外国人に対する受容度が違う。旧東ドイツ地域では若者のほうが外国人に対して寛容ではなく、旧西ドイツ地域では55歳以上の人にこの傾向が強い。一般的にいって、旧西ドイツ地域のほうが外国人移民の受け入れに寛容である。

◆亡命者受け入れ——理想と現実

ドイツの憲法である基本法には、政治的に迫害された人々の亡命を受け入れると明記されている。これは、戦後成立したドイツ連邦共和国（西ドイツ）が、過去への反省をこめて憲法に書き入れたものである。ヒトラーが政権を掌握した1933年以降、日増しに激しくなってゆくナチスの迫害を逃れて、ユダヤ系ドイツ人が国外へと亡命していった。物理学者のアインシュタイン、作家のトーマス・マンもこの中にいた。このほかにも、ヒトラーの独裁体制に反対を唱える政治家、文化人、芸術家なども国外に逃れていったのである。

1990年前後から亡命申請者の数が急激に増え、92年には43万人にまでのぼった。申請者の多くはアフリカ、中東、南ヨーロッパの人たちで、ドイツの豊かさにひかれてやってきた、いわゆる「経済難民」であった。実際、政治難民と認定されたのは申請者の5％にも満たなかった。いずれにしろ、亡命を申請している人に対しては、審査が終了するまで衣食住が保証される。申請が却下されると再審査を請求して、何年もドイツにとどまる人は少なくない。

亡命申請者が増えるに伴って、受け入れ施設のある町では外国人の急激な増加に不安を募らせ、失業などで生活に困窮しているドイツ人がいる一方で、多額の税金が亡命申請者に使われていることへの不満が広がっていった。これに対して政府は93年に難民規定を厳しくし、安全な国を経由して入国してきた外国人はドイツでは亡命申請できないとした。これを期に新規申請者数は減少を続け、現在では年間5万人以下になっている。それでもなお1995年の時点で約135万人の難民がドイツ国内にいる。これは人口の1・67%にあたり、他のヨーロッパ諸国と比較しても突出した数字である。亡命希望者の受け入れに対するドイツ人の厳しい見方は、このような現状にも起因しているかもしれない。

医療保険

◆改革に次ぐ改革

戦後西ドイツの誕生とともに、医療保険の再出発が始まった。特に、ナチス政権下で廃止されていた労使による医療保険の当事者自治が復活した。1969年には賃金継続支払法が成立して、病気欠勤時の給与補償が雇用主の義務となり、医療保険の重要な役目の一つが終わった。これを機に、現金給付から医療供給体制の整備へと重点が移っていった。

病気欠勤時の給与補償における負担の軽減、さらに保険加入の対象となる給与額の引き上げにより公的医療保険の加入者が増加し、医療保険の財政に余裕ができたことから、1974年以降は給付の拡大

医療保険の保険給付支出の推移

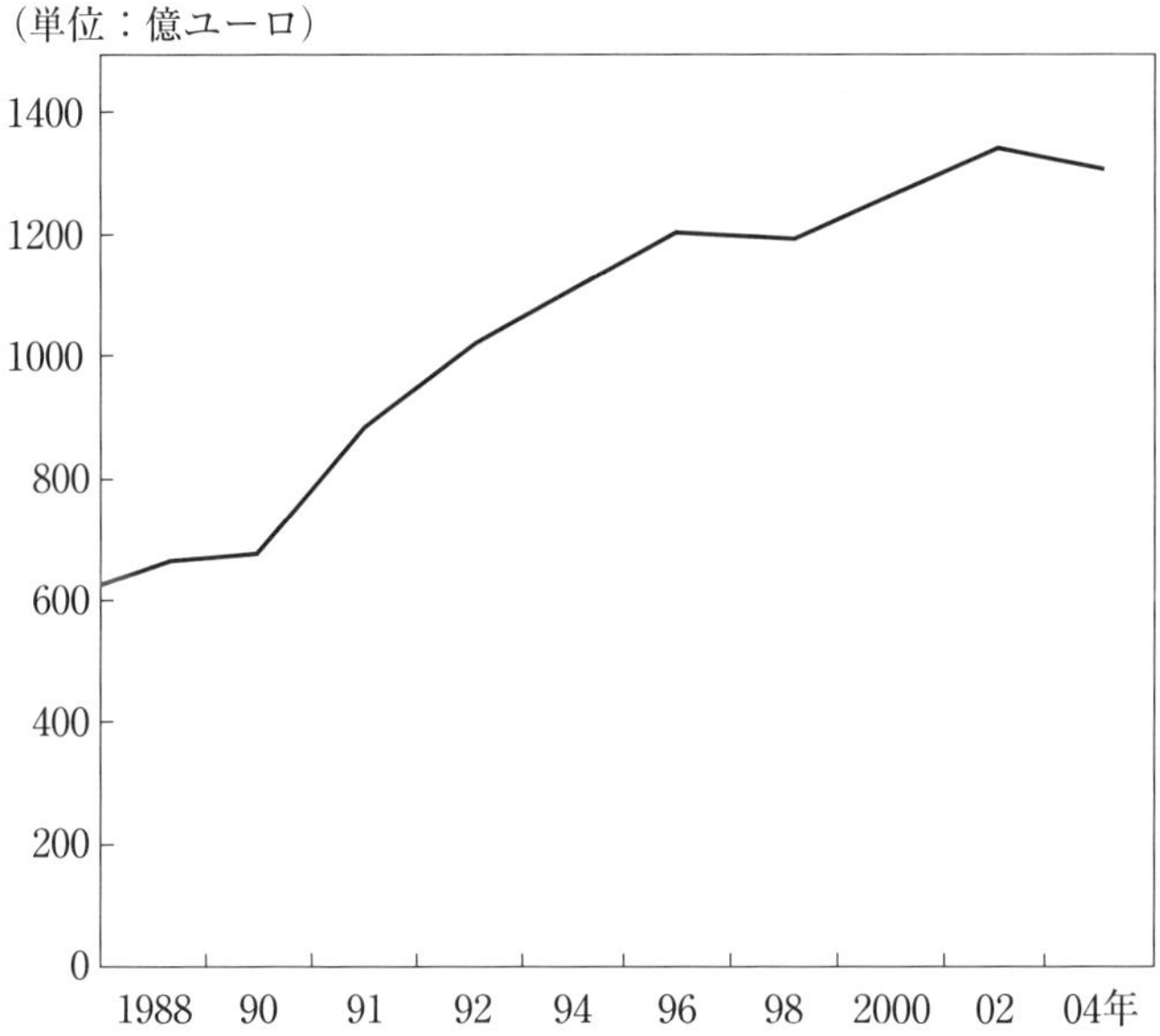

※1990年までは旧西ドイツ地域、91年以降は統一ドイツの統計

が続いた。しかしこれにより医療保険の支出が爆発的に増大する結果となり、保険料率が8・2％（71年）から11・3％（76年）へと上昇した。政府は77年、79年、81年にそれぞれ経費節減法を成立させ、84年の病院財源法改革とあわせて、保険料上昇に歯止めをかけようとした。90年10月3日のドイツ再統一の後、91年1月1日から旧東ドイツに旧西ドイツと同様の公的医療保険が導入された。そして、93年に公的医療保険の財政と保険料率の安定化を目的とした保健構造改革法が成立した。

　高齢化、医療技術の高度化などで医療費が増加しており、相次ぐ保健制度改革（1989年、93年）にもかかわらず、公的医療保険の財政状態はあまり改善しなかった。特に、高齢者の病気の88％が慢性病で、長期的に医療費を必要としているのである。90年代半ばからは医療費削減のため、病院、開業医、薬剤などの分野ごとに年間給付総額の大枠を定めた予算化措置が実施された。98年までのコール政権では患者の自己負担を引き上げるなど加入者に対しより負担を求めた。98年の政権交代後シュレーダー政権は、旧政権の行ったこれらの措置を撤回し、2000年に医療保険改革を行い、分野別総額予算化措置をより強化して医療供給サイドに厳しく対処するようになった。あらかじめ決められた年間予算総額の枠内で医療活動を行うようにし、薬剤費予算が超過した場合には医師側に責任を負わせることにした。医師団体は予算化により薬剤の使用が制限され、質の低い医療を供給することになり、むしろ患者の不利益になると反対しているが、保険者のほうは医師の数が多すぎるのが問題だと主張している。医薬品、医療機器を含む医療分野での就労人口は200万人以上ともいわれ、機械・家電産業と同じ規模である。医療改革はこれらの人たちの雇用や将来にも関わってくるものなので、なかなか簡単にはいかない。

◆負担の増大

1992年以来国民1人当たりの医療費が約35％も上昇したのに加えて、景気後退のなかで失業率上昇などにより保険料を支払う人の数が減少を続けた。

そこで、2002年にはさらなる改革が行われた。疾病金庫選択の自由促進（ただし変更後18ヶ月間は別の疾病金庫に移れない）、保険加入者を増やすため公的医療保険加入の対象となる収入額を引き上げ、薬剤費予算制を廃止（保険者と医師側とが地域ごとに交渉を行う）、医師は薬剤費支出を抑えるために個別の薬品ではなく薬剤成分のみを処方する、などがその内容であった。

２００３年８月には、エコノミストのリュルプを委員長とする政府の保健制度改革委員会（通称リュルプ委員会）が最終報告書を提出した。そのなかでは特に、官吏や自営業者も組み入れた「国民保険」と、収入額に関係なく定額を支払う「一括払い型保険料」の導入が提唱された。

そして、２００４年１月から実施された改革では自己負担の増大が主眼となっている。政府は、この改革によって、14・３％にある保険料率を13・６％にまで引き下げられるとしている。その主なものは、

●薬剤費自己負担の増大

処方箋を必要とする医薬品、包帯材料、補助具（補聴器や車椅子など）については、その価格の10％分を自己負担とする。ただし、自己負担額は最高10ユーロ（約１４００円）とする。将来的には、すべての給付において、基本的に、自己負担を費用の10％で、最高10ユーロまでとする方向である。ただし、メガネなど視力矯正器具については、保険からの補助を廃止。

●４半期初診料10ユーロ徴収

これは、訪れた医院で患者が４半期ごとに直接支払うものであるが、さまざまな免除規定（緊急時、18歳以下の患者、歯科定期健診、予防・早期発見検診、予防接種、他の医療機関の指示・推薦状のある患者など）が定められている。

●義歯治療定額負担制

従来までは、発生した費用に対する定率負担であったが、2005年からは定額給付となった。政府は、多くの患者にとってこの改正による大きな変化はないとしていたが、04年において保険でカバーされたのは義歯治療費用の20～40％に過ぎなかったことが統計で明らかとなった。以前には費用の60～80％が保険でカバーされていた。

●処方箋を必要とする薬剤についても通販やインターネットで購入可

このほか、ドイツで認可されている医薬品であれば、他のEU諸国の薬局もドイツ人向けに通信販売できる。この場合、ドイツ語の説明書が添付されていなくてはならない。

●自己負担限度額の設定

将来的に、年間自己負担限度額を税込み年収の2％とする。慢性病患者についてはこれを1％に設定。子供のいる世帯では子供の数に応じて限度額を下げる。

●入院治療における定額自己負担導入

1日につき10ユーロで、年間28日までを限度とする。ドイツでの平均入院日数は9日である。

●埋葬料と出産手当金を保険給付からはずす

●義歯治療と傷病手当のための追加保険料徴収

通常の保険料とは別に、義歯治療と傷病手当のための特別保険料徴収を2005年7月から開始。これに伴って、通常の保険料率（労使折半）が合計で0・9％引き下げられる。労使折半の保険料が引き下げられるので企業にとっては負担軽減となるが、その一方で特別保険料は被保険者だけが支払うことになる。

初診料導入により、2004年全体では前年に比べて初診件数が平均8・7％減少した。特に著しいのは、婦人科の15・1％、皮膚科の17・5％であった。また、年代別では20歳から39歳の年齢層でこの件数がもっとも後退した。ただし、診療件数は2・9％の減少でしかなかった。つまり、いったん初診料を払った後では、診察を受ける頻度が上昇したということである。

またこの改革の結果、2004年には公的医療保険は40億ユーロ（約5600億円）もの黒字を計上した。03年には35億ユーロ（約4900億円）の赤字を抱えていたことを考えれば、まさに雲泥の差である。そして、改革2年目の05年には累積赤字も解消される見通しである。

◆保険制度を根底からくつがえす改革

これに対して、収入額に関係なく、すべての成人が、したがって専業主婦も定額の保険料を支払ったうえで、雇用主も一定限度内の保険料を負担するという制度を提唱する人たちがいる。ただしここでは、雇用主負担分は固定され、引き上げられることはないので、企業の社会保険負担をできる限り少なくする狙いも見え隠れする。また、この定額保険料もいつまでも同じ水準のままでいないであろう。1996年に同じような制度を導入したスイスでは、8年間に保険料がほぼ50％上昇した。同じ期間に、ドイツの保険料率はわずか6％引き上げられたに過ぎない。

このような制度になれば、19世紀以来のドイツの社会保険の大原則である、所得額に基づいた応分の保険料負担と保険料の労使折半を根底から覆すことになる。そして、低所得者や年金生活者の出費が増大する一方で、高額所得者や企業にとっては負担軽減となるのである。

だが、医療費の財源となる保険料が賃金（つまり景気動向）と連動されている現在のシステムでは、医療費が上昇すると社会保険料が上がって所定賃金外コストも上昇し、企業が人を雇いたがらなくなって雇用の悪化を招き、保険料を支払う労働者が減って保険料収入が減少するので、再び税金や保険料引き上げで対処する、という連鎖を断ち切るのが難しいのも事実である。経済動向と保険コストとの間のバランスをとる手立てを考え出さなくてはならない。

年金保険

◆戦後、年金水準が大幅に改善

第二次世界大戦後も、第一次世界大戦後と同様に、貨幣価値下落により社会保険の積立金は資産価値を失い、社会保険の財政基盤は壊滅的状態となった。そのため、積立方式の年金保険は不可能で、第一次世界大戦後に導入されていた賦課方式を再び引っ張り出してこなければならなかった。賦課方式は準備金（積立金）を必要としないので比較的早く年金実施ができた。積立方式だと5千億ユーロ（約70兆円）規模の資本ストックが必要で、これは当時のドイツの経済規模をはるかに超えるものであった。

１９４８年当時の年金水準は働いていたときの賃金の約40％に過ぎなかったので、受給者は生活費の足りない分を生活保護で補っていた。49年の生活保護予算の48％がこういった年金の不足分を補うために支給されていた。当時の年金水準は賃金や物価の変動などには関係なく、固定されていた。それが57年の年金改革により、可処分所得の伸びに連動されるようになった。これはビスマルクによる社会保険創設と並んで画期的なことであり、他の諸国の手本となった。年金は最低限の生活を保証するものから、退職前と同じ水準の生活を老後になっても続けていけるものへと変わった。この改革によって年金水準は劇的に上昇し、通常の年金は70％前後、遺族年金は85％前後も引き上げられたのである。

高齢者の貧困問題はこの20年間にかなり改善されてきた。１９８０年代初めは高齢者の25％以上が貧困状態にあり、子供を持つ世帯の2倍以上の割合であった。これが現在では逆転して子供を持つ家庭のほうが貧困に陥る危険度が高い。高齢者夫婦のほうが子供を持つ家庭より生活状態は良く、65歳以上の高齢者がいる2人世帯の可処分所得は全世帯平均の98％、75歳以上となると１０５％にも達している。これに対し、17歳以下の子供のいる世帯の場合は90％程度に過ぎない。ただ、高齢者単身者世帯の収入は全国平均を下回っていて、65歳から74歳までの単身生活者の可処分所得は全世帯平均の80％、74歳以上は75％に過ぎない。年金生活者世帯で、収入に占める公的年金の割合は58％、個人資産からの収入が20％、その他（企業年金、アルバイトなど）が22％となっている。世帯当たりの手取り年間収入は全国平均で2万１３００ユーロ（約２９８万円）であるが、年金生活者世帯（夫婦2人）では1万６９００ユーロ（約２３６万円）、恩給受給世帯（元官吏）では2万2千ユーロ（約３０８万円）となっている。

◆年金財政は悪化の一途

世代間の契約による賦課方式は、働く世代と引退世代との連携がうまくいっているうちは機能していたが、その後の失業増大、少子・高齢化などにより年金の財政状況がどんどん悪化していった。1970年代から出生率が下がり始める一方で、平均寿命は伸び続け、70年から90年の間に男性の平均寿命は2・5歳、女性は3歳上昇した。平均寿命は2003年時点で、男性が75・6歳、女性が81・3歳である。2035年にはこれが男80歳、女85歳にまで達すると予想されている。ちなみに、日本人の平均寿命は2002年現在で男が78・3歳、女が85・2歳となっている。もちろん、90年の再統一後、旧東ドイツ地域の年金水準を西部ドイツ並に引き上げるために出費がかさんだことも、年金財政逼迫の一因である。

1997年に失業者数が戦後初めて400万人を突破し、その結果年金保険料収入が減少して、保険料率が20%の大台を超えることとなった。雇用悪化と保険料上昇がさらに年金の早期受給者急増へとつながっていった。失業による早期受給で60歳から年金がもらえたが、この年金の受給者が5倍も増えたのである。例外的措置であるこの制度を企業がリストラの道具として利用したことが背景にある。ドイツにはいわゆる「58歳規則」というものがある。これは58歳を越えた失業者は手続きをすれば、労働局に失業者として登録しなくても最大32ヶ月間失業手当を受給することができ、しかも職業紹介を受ける義務もなくなる、という制度である。つまり、失業者はもう仕事を探す必要はなく、失業手当を受け取りながら65歳を待たずに早期の受給開始が可能である「失業に伴う年金」または「長期加入による年金」を待てばよいことになる。いってみれば、国から補助金を受けて早期退職するということだ。労働局にとっても、これらの人たちは失業者に数えられないから、ただでさえ職探しが難しい中高年失業者への職業斡旋の手間が省けるし、雇用統計も改善することになるのである。また、雇っている企業は給料の高い中高年従業員をリストラして経費削減ができるというわけである。すべてが満足する理想的なシステムのようにも見えるのだが、結局のところこれも年金保険や国の財政に大きな負担を強いるものに過ぎない。現在この「58歳規則」を利用している人は約40万人にのぼる。

このような現象の影響もあって、実際の年金受給開始年齢は早まっており、すでに平均で60歳前後である。大学在学期間の長期化ともあいまって、生涯労働時間の短縮化、つまり保険料支払い期間が実質的に短くなって年金保険の収入が減っていく一方で、高齢化に伴い年金受給期間は長くなってきている。ドイツにおける平均就業開始年齢は21歳、平均退職年齢は60歳前後となっており、この50年間に平均寿命、つまり年金受給期間が5年上昇したのに対し、生涯労働時間は4～5年減少したのである。55～64歳の年齢層で実際に働いているのは、日本では100人中64人、スイスでは70人であるのに対し、ドイツでは42人でしかない。早く引退したほうが得だと、ドイツでは思われているようである。さらに、連邦統計局の調査では、この年齢層の就業率は男性が47・7％、女性が31・2％ということである。これはつまり男性の2人に1人、女性の3人に1人しか働いていない計算になる。それでも男女を合わせた就業率は39・4％で、EU平均の40・1％をわずかに下回っている程度である。就業率の高いのはスウェーデンの68・6％とデンマークの60・7％であり、低いのはポーランド27・1％、ベルギー28・1％などとなっている。ただ、多くの国でこの年齢層の就業率が1991年以降上昇してきているのに対し、ドイツではほぼ同じ水準で推移している。

16歳～45歳のドイツ人の80％が自分の将来の年金が危ないと考えている、というアンケート結果もある。従来の世代間の契約による年金制度は21世紀には維持できないとみる専門家も少なくない。2000年現在ドイツの人口は約8200万人であるが、今後毎年10万～20万人の移入者があったとしても、50年には6500～7000万人にまで減少すると見られている。人口の世代構成は、00年で20歳以下が21・4％、20歳～60歳が56・2％、60歳以上が22・4％となっているが、50年にはそれぞれ16％前後、47％前後、36％前後になるとされている。現在のところ、年金保険加入者100人が年金受給者43人を支えている計算になっている。今後ベビーブーム世代が次々に年金受給年齢に達していき、30年にはこの割合が100人対61人になると予測されている。

年金水準を現在のまま保つとすると、今後40年間に保険料率が現在の19・5％から30％にまで上昇するということだ。反対に、保険料率を現在のままに据え置けば、数十年後には生活保護にも満たない年金額になる。現在でも年金受給者の約3分の1が生活保護水準をわずかに上回る程度の年金を受け取っているのが実状である。

◆では、どんな制度がいいのか

賃金と連動している年金保険制度は、経済危機になるたびに厳しくなるのは半ば必然である。経済が停滞すると保険料収入が減り、保険料が引き上げられる、すると企業は雇用を減らし、失業率も高くなる。所定賃金外コストを財源とする社会福祉制度は、人々が一番頼りにしたいときに弱体化し、機能不全になる。これは税金を財源とする制度であっても当てはまることである。ただし、強い者が弱い者を助ける形態をとっている税制と違って、ドイツの年金制度では保険料の払込金額と納入期間に従って年金額が決まるので、収入の高かった者がそれだけたくさんの年金を受け取れるようになっているのである。また、積み立てて運用する年金方式であっても、運用自体が経済動向に左右される。年金受給者が増大すれば運用のための投資を解約して資金を回収しなければならないが、景気が悪いと株にしても不動産にしても売却が難しくなる。積立方式の年金制度も、少子高齢化や景気後退に強いとはいえない。

年金保険の賦課方式を信奉する人たちは、さまざまな施策によって、年金世代に対する現役世代の割合を増やすべきだとしている。それは例えば、若くて就労能力のある外国人移民の受け入れ促進、女性の就業率向上、大学などの教育年限の短縮化、年金受給開始年齢の引き上げといったものである。ドイツは、職業生活に入るのがもっとも遅く、年金生活に入るのがもっとも早い国の一つとされている。しかし、雇用全体の規模が拡大しないことには、これらの施策はすでに働いている人たちを押しのけるだけのことにしかならない。いずれにしろ、一番の解決策は完全雇用の回復であり、これが社会保障制度再建の王道だとされている。

積立方式への移行を提唱する専門家も少なくない。加入者は保険料を積み立て、それを自分の将来の年金の財源とするものである。民間の個人年金にかなり近くなる。従来の賦課方式が終了し、新しい積立方式に完全に移行するには20年~30年が必要とされる。この長い移行期間の間に、現役世代には二重の負担が強いられる。つまり、賦課方式による年金世代がまだ残っているので、これらの人々の年金を支えつつ、自分の将来の年金のために積み立てをしなくてはならないのである。

現行の年金保険は完全雇用を建前としているが、これが実現される可能性は将来的にも小さい。既存のシステムを手直しするだけでは不十分であり、通常の労働関係、つまりフルタイムの仕事を定年まで途切れることなく続けることを前提とした制度そのものを根本的に変えるべきだ、との意見も強い。人々の働き方が多様になってきている現在、「労働」という要素に頼りすぎている年金制度を改めるべきだとしていくつかの提案がなされた。その一つとして、税金を財源とする基礎保険導入を主張する専門家は多い。基礎保険で足りない分は個人が自分の力で、あるいは企業年金などで対処すればよいとしている。この場合、賦課方式から基礎保険への移行にあたって、積立方式への移行の場合と同様、年金財源に不足が生じ、これを税金で補充することになるので一時的に国の財政に大きな負担がかかる。

◆子供の数で年金を決める

年金財政を悪化させる原因の一つに、少子高齢化が挙げられている。これを解決する手立てとして、年金を子供の数に連動させるべきだ、という考え方がある。

公的年金制度が導入された19世紀後半までは、どの世帯でも働いている人たちがその両親の面倒を見ながら、自らの老後のために子供を生み育てていた。子供のいない人たちもその両親の面倒を見つつ、老後の蓄えもしなくてはならなかった。しかし、現在の賦課方式の年金制度では、子供のいない人たちは他人の子供が支払う保険料から年金を得ている。ほかの人の子供に自分の老後の面倒を見てもらうなど、昔では思いも及ばなかったことである。だから、年金制度を安定化しようとしたら、子供のいる人たちだけが年金を受け取れるようにすることだ。子供のいない人たちは保険料を払い込んで親世代の年金を支えながら、以前のように自力で年金を蓄えるように仕向けなくてはならない。これを基本原則にすれば、年金制度は人口構造の変化に伴う影響を大幅に抑えることができ、子供のいる世帯がおかれている不利な状況の解消につながる。実際問題としては、2人以上の子供を持つ人たちに対しては少子化の進行による年金減額措置は行わず、子供が1人以下の人たちの年金額を減額する、というのが公平なシステムだ、というのである。

この主張も、現在の社会保険制度と同じように危うい面を持っている。現行の制度は、学校を出てから定年まで正規労働を続け、社会保険料を支払っていくことを前提としている。だが、景気後退、高失業、働き方の多様化・柔軟化のなかで、この大前提が揺らぎ、社会保険財政の悪化に拍車をかけている。子供の数に連動する年金という考え方にも、男女は家庭を築き、子供を複数生む、という伝統的な家庭像が基本にあるように思える。男女、夫婦、家庭のあり方が多様化している状況にあっては、この家庭像も早晩機能しなくなるであろう。また、子供が欲しくても持てない人たちも少なくない。この人たちに対してあたかも罰則のように年金を大幅に減らすとしたら、その人生は二重の苦しみを味わうことになりかねない。子供のいない人たちにしても、他人の子供が自分の年金を支払うという賦課方式を自ら望んだわけではない。国が財政の都合から、莫大な資金を必要とする積立方式ではなく、安上がりにつく賦課方式を選択したのだった。むしろ、子育てと教育を手助けする政策に重点的に資金を投入できるように、新たな税金、例えば子供の数に連動した「子育て連帯税」を導入したほうがましではないだろうか。そうすれば、子供のいない人たちも税金を通して子育てを支援したことで、この子供たちに老後の年金を助けてもらうのに何のうしろめたさも感じる必要はない。そうしてこそ、病気、障害、失業、老齢に際して互いに助け会う社会が成り立つ。

◆積立型個人年金を導入

ドイツ再統一後の過渡期を過ぎて、年金改革が繰り返し行われた。1999年にも年金財政健全化のため年金受取額の引き下げを目指す年金改革が実施されることになっていたが、前年の秋の総選挙で与党を破ったシュレーダー首相は前政権が決めたこの年金改革を凍結した。そして新たにエネルギー環境税を導入し、これを財源としてむしろ年金の保険料率のほうを引き下げたのだった。

2001年に可決された年金改革では、年金水準を30年まで段階的に下げて現役労働者の可処分所得平均額の現行70％から67％にする、保険料率上限を22％とする、公的年金の目減り分を補うために任意加入の積立型個人年金（当時の労働・社会大臣の名にちなんでリースター年金と呼ばれている）を導入することが決まった。この年金水準の計算は、あくまでも45年間加入して65歳から年金受給を開始するモデルケースを基にしている。そのためには20歳から働き始めなくてはならないが、こういう人はそれほど多くない。まして、30歳近くで大学を卒業して就職する人が少なくないドイツにあっては難しい。

年金額が加入期間と給与額に比例するから、加入期間が45年に満たなければ当然67％には届かない。一般的な年金水準が30年には61％になるとする計算もある。また別の計算では、平均的収入のある人が生活保護と住宅手当の合計額を上回る年金を得るためには、現在では23・5年働かなくてはならないのが、改革後は27〜28年必要になるということである。

これに対し、連邦労働社会省は、改革後2030年には公的年金保険の保険料率が22％、新設の個人年金の保険料率が4％となり、両方の年金を合わせた給付水準は合計で72・65％になるとした。

年金改革によって導入された新たな個人年金制度は、ドイツの年金史上画期的なものである。保険料率を4％とし、使用者（企業）は負担せず、働く人たちが国からの奨励措置を受けて自ら投資し、自分の年金を作るというものである。奨励策は所得税控除と補助金を組み合わせたものである。この奨励策はすでに公的年金保険に加入している人が対象となるので、年金制度に組み込まれていない官吏には適用されない。保険料の投資先には投資信託、生命保険などが考えられていて、年金運用機関は少なくとも元本は保証し、年金を毎月しかも終身にわたって支払わなくてはならないとされている。だが、導入後普及のほうは思うように進んではいない。リースター年金に加入資格のある労働者3千万人のうち、2004年末までにこの年金の契約を結んだのはわずか19％でしかない。年金契約を結ばない理由として、70％が「制度が複雑すぎる」としている。そこで、05年には申請手続きが簡略化され、家族の状況などに変更がない限り申請者は毎年同じ手続きをする必要がなくなった。また、いわゆるユニセックス規則が適用され、2006年以降は男女とも同額の保険料を払い込むことになる。これまでは、男性の

リスクへの備え

17世紀の30年にわたる宗教戦争の後に、人生のさまざまなリスクに計画的に備えようとする考え方が生まれ、埋葬・寡婦・孤児・結婚準備のための各種金庫（基金）が設立されるようになった。これは分担金（保険料）を払い込んだ加入者だけが、定められた給付金を受けられるという制度である。18世紀末からこれらの金庫や生命保険が増大していった。

リスクへの備えのなかに、「奴隷金庫」と呼ばれた変り種があった。これは、船員から一定額の保険料を集めておき、航海中に海賊に襲われて捕らえられたとき、奴隷として売られないよう、解放のための身代金を支払ってくれる保険である。港町ハンブルクで1624年に設立されたものが始まりで、ドイツにおける最初の社会保険とも言われている。その後、29年にはやはりハンザ都市のリューベックでも、同種の金庫が設立された。この金庫は、1805年に身代金を払ったのを最後に、61年に解散している。

当時、ハンブルクの商船が地中海などでよく海賊に襲われていた。海賊は「トルコ人」と呼ばれていたが、実態はアルジェ、チュニス、トリポリなど北アフリカの地中海沿岸に居住するイスラム教徒のアラブ人で、異教徒の白人を捕らえては奴隷として売りさばいていた。この海賊の活動範囲は広く、地中海のみならず、北大西洋沿岸、果てはアイスランドにまで及んでいた。ある統計では、1530年から1780年の間に、合計で100万人以上が海賊に捕らえられたということである。そのなかでもハンブルクの船員が多く、地中海で海賊に襲われては、アルジェなどの奴隷市場で売られていた。

しかし一般にヨーロッパでは、将来のリスクに備えることは神の摂理に介入する冒涜的なことだ、とする考え方があった。病気、疫病、困窮、死などは偶然の産物ではなく、神による試練と罰の表れであり、各種金庫や保険は神の決めた運命を人間が独断的に別の方向に導くものだとされた。19世紀半ばでも、人間が神の裁きの手を払い除けようとしているという理由で、火災保険会社に反対する人たちがいた。また、神は正しい者にも不正な者にも雨を降らせる、という聖書の一文を引用して、雨傘を使ってはいけないと主張する者もいた。

投機的金庫「貯蓄金庫」

18世紀後半に平穏な老後への備えとして投機的な金庫「貯蓄金庫」なるものが各地に生まれた。これは一種の終身年金で、一時金を払い込んだ会員に生存中の年金を保証するものであった。会員は年齢層ごとに定められた金額を払い込む。同じ年齢グループの中で会員が死ぬと、その年金は生存中の会員の間で分配される。つまり、会員が死亡するにつれて残った者の年金額が上がり、最後に残った人がすべてを一人占めにできるシステムであった。したがって、ゲーム感覚やリスクを楽しむ遊びの要素が強く、おりからの投機熱の高まりがこの種の金庫設立に拍車をかけた。

ドイツでは1698年に設立された貯蓄金庫が最初である。1777年設立のニュルンベルクの金庫ではヨーロッパ中の王侯貴族が多数会員となった。会員であったルイ16世と王妃がフランス革命でギロチンにかけられ、ロシア皇帝が暗殺されるなどしたため、残った会員の分け前が大幅に増えたりした。また、1888年に死んだドイツ皇帝ヴィルヘルム1世は、91歳まで長生きして高額な年金を受け取った。ローマ教皇が会員になっていたものもあった。貯蓄金庫の終身年金のなかには20世紀までも続いた契約があり、最後の契約者は1950年に94歳で死んだ。

ほうが平均寿命が短いので、保険料が平均15％ほど低く設定されていた。

◆受給年齢の引き上げなのか

2003年にさらに改革が行われ、年金支払いに支障が生じないよう万一の場合に備えて積み立てておく準備金を月間年金支払い総額の80％から50％に引き下げ、その分を年金財政改善に振り向けて保険料率が19・5％を超えないようにした。また、年金保険料算定の対象となる報酬月額の上限額を引き上げ、年金保険への強制加入者の範囲を広げた。さらに、基礎保障制度を導入して、収入の少ない高齢者に対する支援を拡充した。

政府・与党が設置した諮問委員会が2003年8月に社会保障制度の将来像に関する報告書を提出したが、その提言の主なものは、

- 年金受給開始年齢を65歳から67歳に引き上げる
- 年金水準を引き下げる
- 早期退職者（早期年金受給者）に対して、年金減額幅を拡大する
- 年金計算式を改定して年金額上昇速度を抑制し、中期的に保険料率が22％を超えないようにする

年金問題は「世代間の連帯」から「世代間の戦争」へと様変わりしたとされているが、この提言どおりに実施されれば、高齢者における収入格差が著しくなり、貧困が拡大し、むしろ「貧富の対立」になってしまう、との意見がある。世代間の公平だけでなく、同一世代内での富の分配の問題にもなってい

るのである。この提言は総じて、30歳~50歳の人々には厳しいものとなっている。

一方、野党が設置したヘルツォーク前連邦大統領を委員長とする委員会も、同じ年の9月に、社会保障制度を長期的に維持するためには以下の改革が必要であると発表した。

- 年金受給開始年齢を67歳に引き上げ
- 医療保険の保険料を賃金に連動させるのをやめ、収入額に関係なく皆同じ額を支払う
- 公的介護保険を個人型のものにする
- 失業手当を1ヶ月目は25%カットする

2003年12月には保険料率維持のために、政府は短期的措置を決めた。それは、すでに年金支払いの0・5ヶ月分にまで減らした積立準備金をさらに引き下げて0・2ヶ月分とする、04年に関しては年金額引き上げなし、新規年金受給者については年金受け取りを月初めから月末に変更する、中高年パートタイム制度による年金受給開始年齢を06年から段階的に引き上げて現行60歳を63歳にする、などの措置である。特に、今まで年金保険機関が半分負担していた介護保険料を、04年4月からは年金受給者が全額負担することになっていたから、年金額は実質減額ということになってしまった。このほかにも、子供のいない世帯を対象とする介護保険料引き上げ、義歯治療のための特別保険料徴収などにより、年金受給者の手元に残る金がますます目減りしていく。

2001年の大改革にもかかわらず財政の悪化に歯止めがかからなかったので、政府は04年に年金制度を中・長期的に安定させるために再び大規模な改革を断行した。政府は、この改革によって生活保護

をかなり上回る年金水準が確保され、保険料率を20年までは20％以下、30年までは22％以下に抑えることが可能であるとした。受給開始年齢の67歳への引き上げについては、支持基盤である労組の反発が強く、結局は見送られた。

この改革の主なものは、

●年金水準を税込み給与の現行48％から、2030年までに40％以下に引き下げる
●年金計算式に「制度存続因数」を導入する。これにより、保険料支払者数の減少と受給者数の増加が毎年の年金額計算に反映され、年金水準の伸びが抑制されるとともに、長期的には引き下げられる方向に向かう。これはコール政権が導入しようとした「人口変動因数」に似ている。1998年に政権の座についたシュレーダー首相はこれを即座に廃止していた
●早期退職者年金の受給開始年齢を現行60歳から63歳に段階的に引き上げる。最終的には、すべての年金において、実際の年金受給開始年齢を法律で定められた65歳にできるだけ近づける
●年金準備金の積み増し。現在の月間年金支払総額の0・2ヶ月分から、09年までに再び1・5ヶ月分へと拡大する
●年金保険料の非課税化と年金への課税を段階的に実施。これにより、恩給と公的年金に対する課税規則の統一化を目指す

年金課税を伴うこの改革により、年金水準はさらに下がることになった。ただでさえ年金水準が手取り給与の現行68・9％から、2015年には64・5％、30年には58・5％へと下がるのに、年金の課税化

により30年までにさらに52・5％にまで落ちてしまうのである。

2005年に成立したキリスト教民主・社会同盟と社民党の大連立政権は翌06年に、年金受給開始年齢を12年から段階的に引き上げ、29年に67歳からの年金支給に完全移行することを決めた。07年の年金保険料率を現在の19・5％から19・9％に引き上げることも決定している。

◆官吏は社会保険料がかからない

恩給は日本ではすでになくなってしまったが、ドイツにはまだこの制度がある。ドイツの公務員には一般公務員と官吏の2種類がある。日本に国家公務員と地方公務員の区別があるように、ドイツの公務員と官吏にも連邦政府（中央政府）に属する者と州政府に属する者とがある。一般公務員は年金を受け取るのに対し、官吏は恩給を受け取る。

恩給とはいわば官吏の年金に当たるのであるが、呼び方が違う分制度も違っている。まず、官吏とは、端的にいって、公権力の行使や国家意思形成に参画する公務員で、その代表的なものは警察官、裁判官、省庁の高級官僚などである。官吏の数は約200万人で、その30％が教員、続いて行政職員、警察官の順になっている。官吏は官吏法で守られていて、解雇されることはない。社会保険（医療・年金・失業保険）についても通常の保険に加入することはできない。医療費は実際にかかった費用の50％を雇い主である国または州が負担してくれる。残りの分については自己負担で民間の保険に入って出費に備える。

そして一般の年金に当たる恩給は、掛け金を払うことなく、退職後に国または州からもらえる。このように保険料を払う必要がないから、その分さらに老後のための貯蓄にも回せるのである。雇い主のほうも労使折半の社会保険料を支払う必要がないので、さし当たっては経費がかからない。

そこで財政状態が苦しくなった州などでは、歳出削減をするためこの制度を利用し、もともと一般公務員だった教師に官吏資格を与えた。社会保険料の使用者負担分を節約するためで、確かにこうすれば当座は支出が削減されるが、これらの人たちが定年に達してからの恩給支払いが増大して後年度負担が膨大なものになる。しかも、近年叫ばれている教育改革のなかで、教師の質の低下も学力低下の一因とされ、教師の質を高めるために定期的な能力審査を行うべきだとする意見が強いが、たとえそこで能力不足と判断が下されても、官吏である教師を解雇することができない。教師のように公権力の行使に関わることのない職種は官吏である必要はない、というコンセンサスはできているものの、教師を一般公務員に戻せば教師1人当たり年間約1万ユーロ（約140万円）の社会保険料負担が生じることになる。これを実行できる州はない。

恩給制度では将来の支払いに備えて積立金を作っておくわけではなく、その時々の税収から支払われている。つまり、納税者が支払っていることになる。恩給の平均月額は2540ユーロ（約35万円）になっているが、同等の給与を得て45年間年金保険に加入して受け取れる満額年金は西部ドイツで1100ユーロ（約15万円）に過ぎない。恩給受給者は目下のところ約85万人で、2030年には140万人になると見込まれ、恩給支出総額も約220億ユーロ（約3兆800億円）から30年には780億ユーロ（約10兆9200億円）にまで増大するということである。将来的には、官吏も年金保険に組み入れるべきだとする意見が根強いが、このためには、すでに受給権のある退職者に恩給を払いつつ、現役官吏の使用者負担分をも支払わなければならなくなり、年間約170億ユーロ（約2兆3800億円）のコスト増になると見込まれている。国も州もとても払いきれるものではない。

介護保険

◆保険導入、その後

2006年現在、公的介護保険から給付を受けている人は約195万人で、そのうち約131万人が在宅介護、約64万人が施設介護を受けている。要介護者数は1996年～99年の間は毎年平均5・7％ずつ増加していたが、00年～03年にかけては平均0・9％の上昇にとどまっている。また、在宅介護を受けている人の数は1999年～2003年の間にはほとんど変化がなかったのに対し、施設介護は同じ時期に12・1％も増えている。介護度別の割合では、在宅介護で介護度1が58・0％、介護度2が32・5％、介護度3が9・5％、施設介護ではそれぞれ39・2％、40・9％、19・9％となっている。

また、高齢者（60歳以上）の数は2001年の1990万人から2010年には2130万人に増えて、全人口（約8300万人）に占める割合が約26％となり、30年までにはそれぞれ2790万人、約34％（推定人口は約8100万人）に達すると予測されている。

介護保険導入当時、介護を必要とする人は全体で約165万人で、そのうち在宅介護が約120万人、施設介護が約45万人と見られていた。しかし、2003年に政府の審議会が報告書のなかで示した予測によれば、高齢化の進展により、10年には要介護者が213万人、20年に264万人、そして30年には309万人にまで増加していくということである。

政府の報告書では、介護保険導入により要介護者の社会扶助（生活保護）への依存度が大幅に解消され、費用軽減につながったとしている。同時に、養護老人ホームの入所者が減少し、入所待機者の問題も解決したということである。

しかし、都市部などでは単身または高齢者だけの世帯が多く、この人たちが介護を受けるとなると大きな自己負担を強いられる。介護保険からの毎月の支給額で介護サービスをまかなうことができないので、自分の資産などを処分したうえで、社会扶助を受けている高齢者は少なくない。ある医療保険機関の調査では、施設介護費用をすべて自分でまかなえる人はわずか16％だということである。施設介護では1人当たり月額2千〜4千ユーロ（約28万円〜56万円）かかるのに対し、介護給付が最大限認められても月額約1400ユーロ（約20万円）しかなく、これを補うはずの年金は45年加入した満額年金でさえも旧西ドイツ地域で月約1125ユーロ（約15万7500円）、旧東ドイツ地域では約960ユーロ（約13万4400円）である。後の足りない分は社会扶助のお世話にならざるをえないのである。

導入当初80％の人が現金給付を請求した。現金給付をもらって家族の介護を受けるのは、プロの介護士のサービスによる現物給付より安くすむが、世話が行き届かないことがわかってきた。そこで1999年には現金給付の比率が70％まで低下し、現金給付と現物給付を組み合わせる人が増えてきている。

◆財政問題が浮上か

導入後の問題として第一に挙げられるのが介護度認定の問題である。認定申請に対する却下率は高く、連邦保健省によれば1998年には4件に1件が却下されたという。予算に合わせて認定を決めているという批判がある一方で、地方自治体が自分たちの負担となる社会扶助費用を減らすために、「ダメもと」で介護度認定をどんどん申請させているからだとの指摘もある。

次に、介護にたずさわる人材の育成とサービスの質の問題がある。抗議もできない寝たきり老人を粗末に扱い、床ずれや衛生状態にあまり頓着せず、極端な場合には死の一因ともなっているという、「介護スキャンダル」の報道がドイツのマスコミを賑わした。実際、介護サービスを担っているのは失業者が大半であったり、現金給付を受けて賃金の安い外国人（特に旧東欧などの近隣諸国出身者）に在宅介護を頼んだりするケースが増えている。在宅介護の場合、プロの介護士を頼むと月に2500～4000ユーロ（約35万円～56万円）かかるとされている。だが例えば、観光ビザで入国してきた東欧出身の女性に住み込みで介護してもらえば、給付金と年金でどうにか支払えるので、こういう方法を選ぶ人が増えてきている。ポーランドやチェコなどのEU加盟により、この傾向はますます強まることであろう。また、介護サービスを保険料収入の範囲内で一定の時間に一定の作業をこなそうとするあまり、手抜きがあったり、おざなりであったりする傾向も見られる。このため、プロの介護士の教育のなかに職業倫理を取り入れ、介護の質を確保するための法律を制定し、介護施設の監査体制を強化している。苦情が寄せられた施設には抜き打ち検査も行っている。

公的介護保険給付受給者数と給付総額

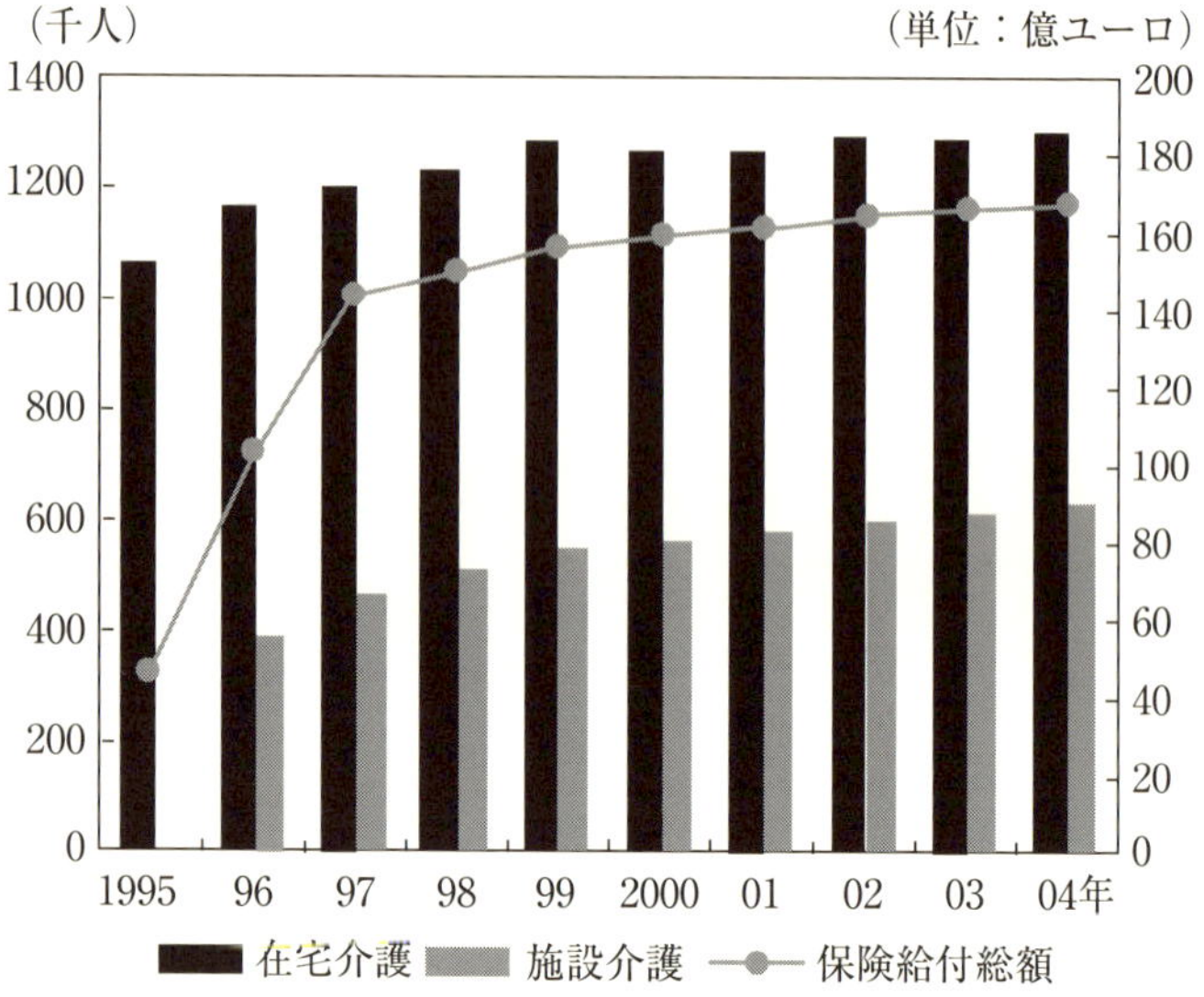

そして、ドイツの介護保険では当初は認知症が考慮されていないことも問題となった。認知症の人を組み入れると要介護者数が増え、24時間サービスが必要となり、保険財政を圧迫すると考えられたからである。現在は、認知症に対する給付の改善が行われつつある。

１９９７年の介護保険収支決算ではかなりの黒字が出た。医療保険や年金保険など先行する社会保険の財政問題を気にするあまり、介護保険では財政優先の方針が勝ち過ぎるきらいがある。98年も黒字となったが、導入4年目の99年以降赤字に転落した。法律で定められた財政準備金があるので、赤字はこれから補填されている。２００４年にはこれまで最大幅の赤字である8億2千万ユーロ（約１１４８億円）を計上したが、これは当初予想されていたものよりは少なかった。このため準備金を取り崩し、残高が34億ユーロ（約4760億円）となった。05年からは子供のいない人を対象として、保険料を0・25％引き上げて1・95％（使用者負担分は0・85％のまま）にする措置により、年間7億ユーロ（約980億円）の増収を見込めるものの、専門家の間では保険料率は30年までに2・4〜2・8％に上昇するとされている。

◆改革のゆくえ

介護保険改革についてはまだ具体像は見えてこないが、一つの方策として国民保険への切り替えが考えられている。この保険制度では、官吏や自営業者も加入させ、公的介護保険と民間介護保険を一体化するという構想である。これにより、年間40億ユーロ（約5600億円）の増収が確保され、財政状況の安定化が図られ、準備金が拡充される。給付内容（特に認知症や在宅介護サービス）も改善され、保険料を2015年まで現行の1・7％に抑えることができるというのである。

ドイツの介護保険では公的介護保険と民間介護保険とが並存し、それぞれが独立して介護保険制度を支えている。民間介護保険には、医療保険と同様に、主に収入が一定水準以上の人が加入している（全国民の約7％）。加入者には健康な人が多いことから、1人当たりの給付支出が公的保険の3分の1にとどまっていて、黒字経営、保険料率の引き下げ、準備金の拡充などが可能であった。

そのほかの案としては、均一保険料をすべての国民が支払う保険制度が考えられている。これだと高齢者には高くつくものとなり、ある試算では年金受給者は将来的に現在の3倍近い保険料を払うことになるとされている。

労働市場改革——失業問題

◆試練を迎える社会的市場経済

経済的豊かさと充実した福祉制度構築を可能にしていた社会システムが今綻びを広げ、重大な岐路に立たされている。ドイツは少子・高齢化社会を支えるための高負担と高い失業率という問題を抱えている。社会保険負担が上昇すると、企業は人を雇いたがらなくなり、失業率が高くなる。失業者と高齢者が増す一方、社会保険料や税金を払って社会保障制度を支える人が少なくなり、社会保険や国の財政が深刻な影響を受けるという悪循環に陥っている。ちなみに、国民負担率（国民所得に占める税金や社会保険料の負担割合）は、日本の35・9％に対し、ドイツは53・7％、スウェーデンは71％となっている。

旧西ドイツの社会的市場経済が船出した当時の状況は決していいものではなかった。第二次世界大戦により産業や社会の基盤はほとんど破壊され、旧領土からはたくさんの人々が流入して社会構造全体が変わるほどであった。未亡人、孤児、障害を受けた人たち、旧領土からの引揚者など、おびただしい数の人たちが救済を求めていた。これはヒトラーの独裁政治が残した大きな負の遺産ともいうべきものである。多くの人々が以前とは別の職業につき、新しい環境で生活を始めざるをえなかった。にもかかわらず、ドイツは1950年代に奇跡の経済復興を遂げ、社会保障を着実に拡充していった。その頃は財政はなお潤沢にあった。

しかし、1973年から74年にかけてのオイルショックを経て、経済成長に依存した社会福祉国家が限界に打ち当たった。社会福祉政策が戦後初めて修正を迫られたのである。その結果、社会保険の給付に対してさまざまな制限・削減が行われた。80年代からは失業率の上昇、平均寿命の伸びに伴う年金受給者の増大、大学卒業年齢の上昇（＝就職年齢の上昇）などにより、社会保険財政は悪化し、医療費の急上昇がこれに追い討ちをかけた。70年から90年までの間にGNPは2・6倍になったが、国民医療費は5倍にまで上昇した。とりわけ96年には医療保険の支出が爆発的に増大して、GDPの6・2％（90年）から7・1％へと拡大した。

さらに、1990年のドイツ再統一に伴って旧東ドイツを旧西ドイツの社会保険システムに組み入れたことで、加入者の負担が増大した。拡大を続ける社会保険の収入不足は、保険料の引き上げ、給付水準の引き下げ、政府補助金などで対処せざるをえなかった。このいわゆる「統一のコスト」のほかに、社会保障制度を取り巻く環境を悪化させたのが失業者の増加である。96年には失業者数がとうとう400万人の大台に乗った。税収が減り、財政が一層厳しくなり、社会保険も収入減となった。また、人口構造の変化が進み、高齢者が増加し、現役世代が減少していった。それとともに、年金、医療、介護などの社会保険の給付負担が拡大した。90年代には「社会福祉国家の再生」が盛んに議論され、高い労働コストに悩む産業界はこれを国際競争力の問題とリンクさせ、社会保険給付の削減と一部民営化などを主張した。98年まで政権を担っていたコール連立政権は、産業界の主張に沿う形で諸政策を進めていった。98年の総選挙で勝利した社民党・緑の党連立政権は前政権の給付削減措置を撤回し、エネルギー・

中世の福祉施設「シュピタール」

社会保障制度が発達していなかった中世と近代初期にあっては、キリスト教会、修道院、信者団体がさまざまな形で困った人々を助けていた。教会や修道院は一般に田園地帯や都市近郊に広大な土地を所有し、農場を経営していた。教会は地域の教育・文化に関してだけでなく、農耕、牧畜、医療・保健、そして社会福祉の分野でも中心的役割を果たしていたのである。教会や修道院は、特に「シュピタール」または「ホスピタール」と呼ばれる慈善施設を運営して、社会的弱者に対する救済事業を行っていた。

「シュピタール」とは本来、「巡礼の泊まる所」、「疲れた人を休ませる場所」という意味で、バチカンなどへの巡礼者たちを世話する施設として生れた。

イタリアでは8世紀頃の文献にすでに「シュピタール」が現れており、10世紀の終わり頃から都市、騎士団、キリスト教信者団体などの組織が大規模なシュピタールを建設するようになり、無料で一夜の宿とスープを提供して巡礼者などの面倒を見ていた。

このようにして、裕福ではない人たちでも遠くまで旅に出ることができた。11世紀にはその数が急増し、なかでも教会に付属するシュピタールが、外来者、旅行者、巡礼者だけでなく、地元に居住する物乞い、寡婦、孤児、老人、病人の面倒も見るようになり、12世紀になって広い意味での福祉施設へと変貌していった。

その後、シュピタールは時代とともに養老院としての性格を強め、貧しい人たちに加えて裕福な隠居者も対象とするようになった。そこで入所者には、無料で世話を受ける貧しい人々、ある程度の金額を納めて宿泊と必要な食事を受ける中間層の人々、そして贅沢な食事と快適な個室が提供される金持ちがいた。これとは別に、所有する土地を納めたり、一定額の現金を払い込んだりして、規則ずくめの入所生活を送るより、シュピタールから終身にわたってサービスを受けるほうを選ぶ人もあった。例えば、決められた額の現金をまとめて払い込むと、シュピタールがこれを運用して毎年決まった額の年金を支給するとか、毎週パンの配給を受けるといったようなものであった。シュピタールは通常自分のところでパンを焼いていた。

しかし、16世紀に始まった宗教改革により、教会や修道院は衰退していき、これを背景とするシュピタールも経済的基盤を失い、財政難に陥り、衰退していった。

ドイツ南部の都市ヴュルツブルクに、400年以上の歴史を持つシュピタールがまだ残っている。1576年に大司教のユリウス侯によって設立されたものである。当時、繰り返される飢饉やペストの流行により、シュピタールの再編成が必要となっていた。このときに、ユリウス大司教はバロック様式の宮殿をシュピタールとし、加えて領地の一部である集落・森・ブドウ農園を惜しげもなく寄付して、確固とした経済的基盤を与えた。ユリウス侯はその設立趣旨のなかで、貧しい人、治療を必要とする人、孤児、巡礼者、老人、身寄りのない人のための施設であるとした。

設立後200年間にわたって増改築が続けられた。第二次世界大戦で完全に破壊されたが、1953年に再建され、現在は近代的な病院と老人ホームになっている。また、168ヘクタールに及ぶ広大なブドウ農園をなお所有し、ドイツで最大の農園に数えられている。ここで生産されるフランケンワインには定評がある。さらに、ユリウスシュピタールはヴュルツブルクの観光名所の一つともなっている。

現代に生きるシュピタール
「ユリウスシュピタール」

環境税を導入することで年金保険料を引き下げ、さらには児童手当を引き上げるなどの措置を相次いで打ち出し、勤労者世帯の手取り収入を増やして需要を喚起し、経済を活性化する政策を推し進めた。2001年に入ってからの経済の減速、失業率の上昇、加えて欧州通貨統合（ユーロ圏）の参加国は財政赤字をGDPの3％以内に収めるという規定の遵守も求められ、政府は歳出削減を含む緊縮予算を組みながら、さまざまな分野で改革をすすめなくてはならない。

◆最大の問題は失業問題

なかでも、さまざまな要因が複合している失業問題は、ドイツの社会システムに突きつけられた挑戦といってよい。ドイツの失業率はこのところ12％前後、失業者数は450万人前後を推移している。充実した社会保障制度、高い賃金、恵まれた労働条件など、長年にわたって実現を目指してきた社会的市場経済システム自体が、皮肉なことに、高失業の大きな要因となっている。ドイツの労働者の労働時間は日本や米国よりはるかに短く、1人当たりの労働コストは日本より20％高いといわれている。賃金継続支払法によって、病気で欠勤しても収入は補償してもらえる。社会保険料負担、企業に対する高い税率、賃上げと労働時間短縮による労働コストの上昇が企業経営を圧迫し、輸出立国ドイツの国際競争力を弱め、国内の新規雇用にも影響している。

この高い労働コストに加えて、労働市場に関わる規制も外国からの投資を妨げていると考えられている。ドイツは労働組合が強く、歴代の政府も社会政策を重視してきたので、労働者を守るための規制が

失業者数と失業率の推移

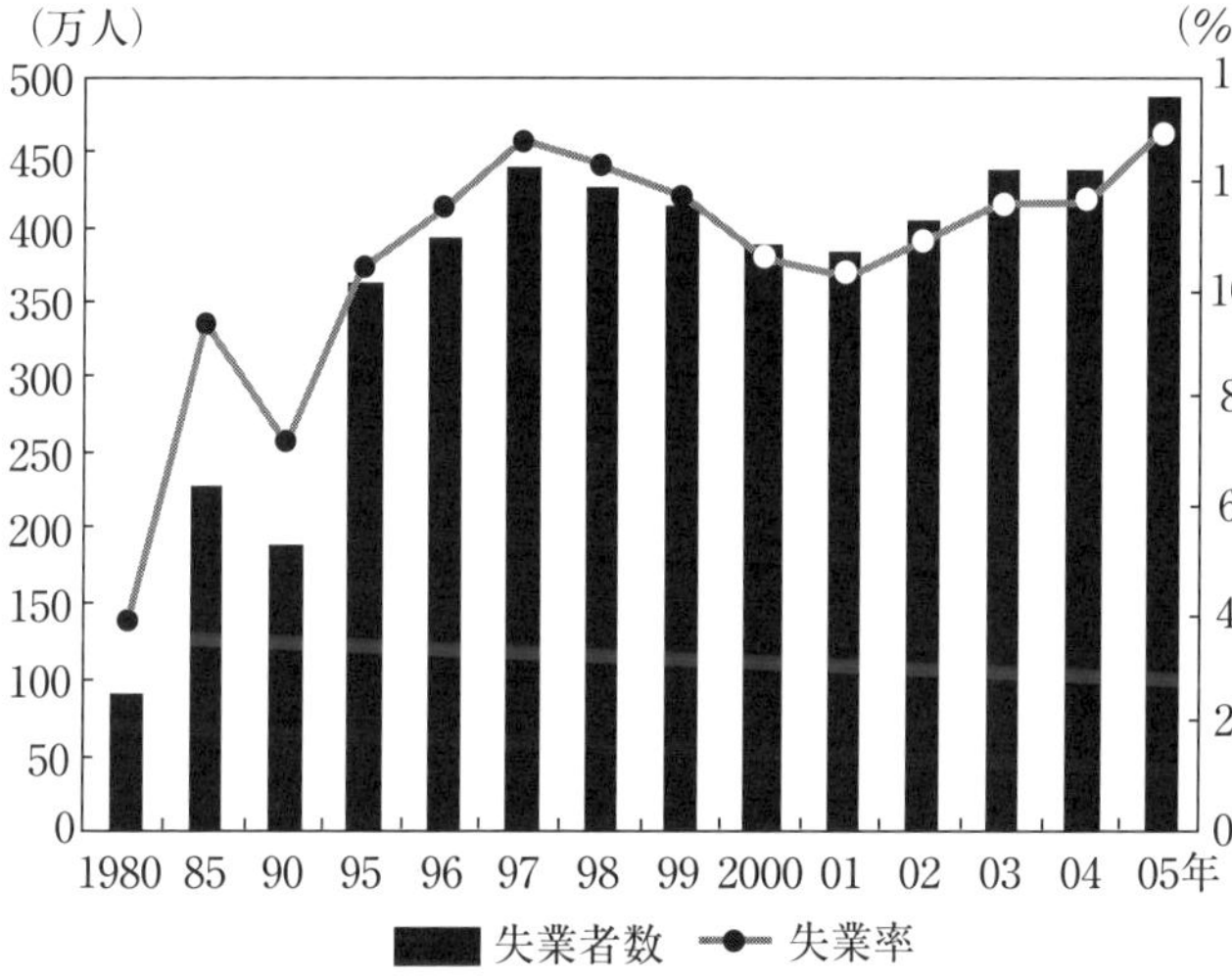

日本や米国よりも厳しい。例えば、雇っている人を解雇するのが難しく、従業員の経営参加が大胆に認められているなど、企業にとっては柔軟な事業展開の障害ともなっている。外国からの資本が流入しなければ、新規雇用の増加も期待できないのである。

ドイツ商工会議所が2万社に対して行ったアンケート調査（複数回答可）によれば、新規採用を阻む大きな障害として、80％が高コスト（賃金と所定賃金外コスト）、50％が解雇保護法であるとしている。また、高い失業率にもかかわらず、専門技術を持つ人材の不足により、ポストが空席のままで埋まらないということである。企業が求めているのは、コスト削減、解雇保護法適用除外基準の緩和、地域統一型労使協約の柔軟化などである。ドイツでは地域ごとに業種別の労使交渉が行われ、そこで妥結した賃金は地域内の同一業種に、企業規模に関係なく統一的に適用されることになっている。これを柔軟化し、事業所の状況に応じて賃上げ幅や労働時間を決められるように求めているのだ。解雇保護法については、2004年から適用除外事業所が従業員10人以下へと緩和されたが、これをさらに従業員20人以下にまで広げてほしいということである。ドイツは中小企業が大部分を占めているので、規制緩和措置の恩恵を受ける事業者は少なくない。

一方、失業者には失業手当、職業再教育、雇用促進事業など手厚い保護が行われる。だから、無理して条件の悪い仕事につく必要がなく、「いい」働き口をじっくり探そうとする。また、職業再教育プログラムに参加すれば、仕事をしているとみなされ、国から「給料」を受け取ることができる。ドイツには「隠れた失業者」が約180万人いるといわれていた。これは雇用創設措置による補助金を付けて企業に短期的に採用されたり、再訓練などの職業教育を受けている人、良い就職先がないので長く大学にとどまっている人、あるいは早期退職させられた人たちである。この人たちは統計上失業者に数えられない。これを加えると、すでに1990年代から失業者は500万人を突破していたことになる。

怠ける権利

「怠ける権利は誰にもない」、当時のシュレーダー首相がこう言って、失業手当を受け続けて一向に働こうとしない人たちを批判した。当然、労働組合などから反発の声が上がった。しかし、アンケート調査によれば、旧西ドイツ地域で約60％、旧東ドイツでは40％の人が、失業者の多くはまったく働こうとしないと思っている。

歴史のなかでも同じようなことを言った人たちがすでにいる。16世紀の宗教改革者ルターは、「怠けたり、遊んでいたりしてはならない。働き、何かをしなくてはならない」と言っているし、19世紀終わりの社民党党首、つまりシュレーダー氏のかなり前の前任者は、「働かざる者食うべからず」とまで言っている。

働こうと思えば働けるのに、失業手当や生活保護で気ままに暮らしている人の数は、実際のところわからない。ただ、参考になる数字がある。正当な理由もなく、職安から紹介された仕事につかなかったために、失業手当を止められた人の数は、2000年で9万1千人となっている。これは失業者の3％にも満たない。

失業手当をうまく利用しているのが、すでに年金の項でも述べたように、58歳を越えた失業者たちである。この人たちは無理に職について働こうとはせず、失業手当を受けながら失業に伴う年金の早期受給が可能となる年齢まで待つのである。また、実際に働こうとする意欲を失わせる現実もある。低賃金の仕事をしている人と、失業手当や生活保護を受けている人との手取り収入の差はほとんどない。例えば、子供2人がいる既婚者が低賃金の仕事をして得る収入は、生活保護に比べて実質的に150ユーロ（約2万円）程度良いだけである。生活保護よりも少しばかり多い収入を得るために、1日中あくせく働こうとはしない。この現象を「生活保護による失業」と呼ぶ人もいる。

◆新たな問題――EU東方拡大

加えて、EUの東方拡大の問題がある。ドイツはEU内で東方拡大推進派の旗頭であるが、その一方で東ヨーロッパから労働者が大挙してドイツに押し寄せてくるのではないかと不安を感じている。EU内では人、物、金の移動の自由に加えて、加盟国内なら労働ビザなしでどの国でも自由に働くことができる。ドイツの隣国であるポーランドやチェコなど東ヨーロッパ諸国が加盟すれば、基本的にはこの自由が認められるので、これらの地域から賃金の高い豊かな国ドイツを目指して移住してくるのではないかと考えられている。この人たちがドイツの労働市場に押し寄せれば、ただでさえ高い失業率がさらに上昇し、通常のドイツ人よりかなり低い賃金で働く賃金ダンピング現象が起こると懸念されていた。

このような懸念に配慮して、EU拡大の際に東ヨーロッパ諸国に対しては移行規定が導入された。これらの地域の加盟国の人がドイツで働く場合は、従来どおり労働ビザが必要になる、というものである。この規定はさしあたり2年間施行され、最長で計7年間まで適用できることになっている。また、東ヨーロッパのEU加盟国の人たちが労働ビザを取得する際には、非EU加盟国の人たちよりも優先される。

これに対して、将来的に現役世代が減少するドイツにとっては、このような移住は歓迎すべきだとする意見もある。人口の年齢構成や社会保険の財政にとってプラスになるからである。いずれにしろ、この人口移動がどのくらいの規模で起きるのかはまだ誰にもわからないし、また、移行期間が過ぎれば問題がなくなるのかも疑問である。

東ヨーロッパからの移民の波は、とりあえずはドイツを通り過ぎて、イギリスに向かっているようである。イギリスは新規加盟国の労働者に対して寛容な政策を行っていて、就労許可が比較的取得しやすい。EU拡大後1年の間に、新規加盟国10ヶ国から合計約23万人の労働者がイギリスにやってきた。そのうち13万人以上がポーランド人だということだ。

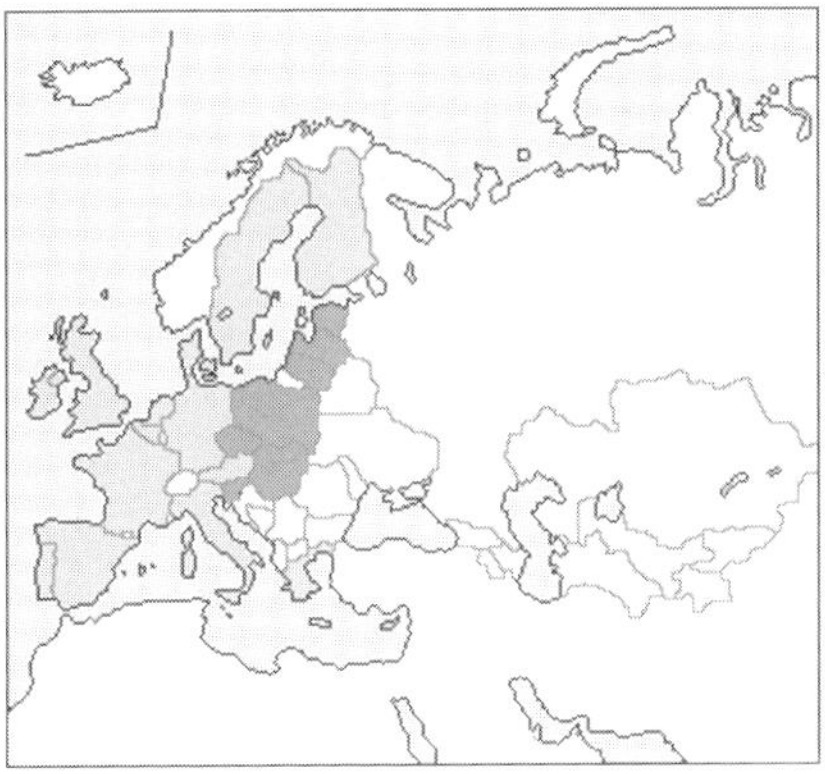
EUの東方拡大

しかしその一方で、コストがかさむ国内事業所や工場を閉めて、人件費が安く、労働者の質が高い東ヨーロッパに拠点を移すドイツ企業も増えている。EU東方拡大により、企業投資がしやすくなったし、これらの国々も企業誘致に力を入れている。これではますますドイツの労働者の雇用機会が失われていくと懸念されている。

調査によれば、東欧の新規加盟国の労働コストは旧加盟国のそれの4分の1にも満たないという。従業員1人当たりの年間雇用コストが高い上位3ヶ国は、ベルギー（5万3577ユーロ、約750万円）、スウェーデン（5万28

00ユーロ、約739万円）、ドイツ（5万445ユーロ、約706万円）であるのに対し、新規加盟国のラトビアは4752ユーロ（約66万円）、リトアニアは5649ユーロ（約79万円）、ドイツの隣国であるポーランドは8257ユーロ（約115万円）、チェコは9540ユーロ（約133万円）に過ぎない。ちなみに、日本は4万5839ユーロ（約641万円）で、4位のフランスと同じ水準にあり、米国は3万3195ユーロ（約465万円）となっている。また、中国は1万3884ユーロ（約194万円）で、新規加盟国よりは高い。このように新規加盟国は投資先としてドイツ企業には魅力が大きいのである。

◆失業者は国外へ

他のEU諸国に職を求めて移住するドイツ人が増えている。景気停滞や高い失業率のために、ドイツ国内で職を見つけられない人たちが、オーストリア、オランダ、イギリス、アイルランド、スカンジナビア諸国など経済が好調な近隣諸国に移住している。これらの人たちのなかには、平均的労働者よりも高い能力や資格を有し、必ずしも賃金のいい仕事を探しているわけではなく、賃金が低くても仕事をしたいという、柔軟で、労働意欲にあふれた人が少なくないということだ。

この出稼ぎの流れはヨーロッパ諸国だけでなく、ドイツより賃金水準がかなり低いインドへも向かっている。ニューデリーにあるオンライン旅行会社のコールセンターでは、ドイツ人が月給約550ユーロ（約7万7千円）で働いている。この旅行会社はドイツ人向け事業の拡張を計画しており、今後ドイツから働き手をさらに募集する予定だという。このほかにも、ファッション、保健・医療、バイオなどの分野でもドイツ人が働いている。インドでの仕事を仲介する業者もあるほどだ。これらの人たちは1年か2年の契約でドイツからやってきて、インドでキャリアを積む。高失業のドイツでは職業実習やキャリアを積む機会さえないのが実情だ。

連邦雇用庁のほうでも、こういう人たちを対象にセミナーを開催するなど、国外で仕事が見つけられるよう支援を行ったりして奨励している。こうして国外に仕事が見つかれば、失業手当などの経費が必要なくなるのである。19世紀の大量失業の時代に、国が海外移住を奨励したのに似ていなくもない。

◆ハルツ改革

当時のシュレーダー政権は、政権2期目を前にした2002年から労働市場改革を次々に打ち出した。その中心となったのが、02年8月にフォルクスワーゲン社取締役のハルツ氏を委員長とする政府諮問委員会（通称、ハルツ委員会）がまとめた提言である。これを基に政府はハルツ改正法Ⅰ～Ⅳを成立させて、03年から順次これを実施に移した。

その主な内容は、

改正法Ⅰ：期限付き労働や派遣労働を自由化して新規雇用につなげ、職のなかなか見つからない人を中心にこれを紹介する。

これらの措置は常用雇用へとつながる一時的な就労機会の創出として考えられた。年間35万件の雇用が生れるはずだったが、施行後2年を経過した2005年3月末の時点で2万

8千件弱の常用雇用が創出されただけである。

改正法Ⅱ：手工業法改正によりマイスター認定証を必要とする職種を削減して開業しやすくする、新たに個人事業者となる失業者に起業促進補助金を3年間支給する、社会保険料納付義務の発生しない月給400ユーロ（約5万6千円）以下のミニ・パートタイムを促進する。この改正法により、ミニ・パートのブームが到来したが、失業率低下にはさしたる効果はなかった。ミニ・パートの担い手は学生・生徒や主婦が中心であるうえ、促進措置によりむしろ常用雇用を減らし、複数のミニ・パートタイマーでこれを補充する雇い主が増えた。また、失業者に対する促進措置の充実により、政府は50万件の新たな起業を見込んでいたが、2005年3月時点で約25万件にとどまっている。これまでの起業者のうち、5分の1がすでに廃業している。廃業者の半分が失業者に戻り、3分の1が負債（5千ユーロ以下、約70万円以下）を抱えている。改正法Ⅳ実施を前にしてこの措置による起業が爆発的に増えた。「失業手当Ⅱ」導入により収入が落ちるよりも、3年間だけでも起業補助金をもらったほうがましと考え、独立の道を選んだのである。政府にとってはこの補助金支給は高くついたようで、とりあえずこの措置を終了して、新たな支援措置を打ち出そうとしている。

改正法Ⅲ：失業者対策を行っている連邦雇用庁改編・近代化。経営的視点とサービスを重視した職業紹介、職業紹介のIT化など。

改正法Ⅳ：２００６年２月から失業手当受給期間を12ヶ月に限定（満55歳以上は18ヶ月まで）。05年１月より失業救済金と社会扶助（生活保護）を統合して「失業手当Ⅱ」を新設。つまり12ヶ月の失業手当受給期間を過ぎてもなお失業状態にある場合、失業手当Ⅱの対象者となり、生活保護程度の支援を受けながら職を探す努力を以前にも増してしなくてはならない。統合化することで長期失業者に対する給付が実質的に削減されるのである。さらに、長期失業者の職業紹介にあたって適用される規則の厳格化。例えば、許容限度条項を厳しくして、紹介された仕事を拒否しにくくし、それでも拒否した場合は手当の減額もある。また、習得した職業や資格に対応しない場合でも、拒否できないようにする。

◆改革の結果、失業者が５００万人超える

このハルツ改革については当初から、職業紹介の迅速化と短期低賃金労働の拡大にばかり重点を置いており、パートタイムなどの非正規雇用の増加にはつながるものの、常用雇用を創出して失業問題を根本的に解決することにはならない、という批判があった。ドイツでは長期失業者が３００万人を超え、これら失業者に対する手厚い支援が国の財政を圧迫する一因にもなっていた。わけても、失業救済金がかえって長期失業者を多数生み出すきっかけになったとされていた。そこで政府は、失業救済金と生活保護とを統合して、給付の削減に動いたのだった。しかし、いくら支出を削減しても、新規雇用が増えない限り、失業問題は改善しない。

一方で、改正法Ⅳにより、多くの自治体で負担が大幅に緩和された。地方自治体が負担してきた生活保護費用は、受給者が失業手当Ⅱを申請することで労働能力ありとされて失業者に登録され、国の負担（失業手当Ⅱ）に付け替えられたからである。人口10万人以上の44都市を対象にした集計結果によれば、生活保護受給者が67万2千人から2万5千人に激減した。多くの自治体が生活保護受給者の大半を労働能力ありとして、失業手当Ⅱの受給対象者にしたのである。1日に3時間以上働ける者は労働能力ありと認めたとか、アルコールや麻薬中毒矯正施設に入っている者まで失業手当Ⅱの対象者に仕立て上げようとしたとかいわれている。

失業手当Ⅱ導入後、失業者数は2005年に入って500万人を突破し、2月には失業者数521万人、失業率14％に達し、戦後最悪を記録した。ただ、連邦雇用庁が公の数字として発表するものは自営業者なども含めていて、この場合の失業率は12・6％となる。ヒトラーが台頭した1930年代初頭の世界恐慌直後の水準に並んだのである。その後失業者数は落ち着きを見せ、年末には450万人台にまで減少した。

◆時給1ユーロ

失業対策の一環として、政府は時給1ユーロ（約140円）の仕事を奨励している。その仕事は、公益性があり、既存の職場を脅かさない程度に追加的でなくてはならない、というものだ。例えば、公園の清掃や催し物の後片付け、交通標識の簡単な修理などである。それゆえ、採用期間は半年から9ヶ月程度に限定されていることが前提である。この種の職につく人に対しては、政府が月間収入が500ユーロ（約7万円）になるよう賃金補助を行う。例えば、週30時間働く場合には、受け取る月給は約130ユーロ（約1万8200円）となるが、これに対して国が不足分の370ユーロ（約5万1800円）を補助する。政府はこのような職場を60万件創出することを目標に掲げている。ドイツでは週15時間以上働けば失業者とされない。賃金がたとえ時給1ユーロであろうと関係ない。賃金が低いから採用しやすくなり、統計上は失業率の改善につながると期待されている。

公共機関や公共施設がこの制度をうまく利用し、1ユーロ労働者をたくさん雇い、常用雇用の職場を減らし、経費節減に役立てているという現象も出ている。小学校が壁の塗り替えをするのに、従来のように業者に委託せず、1ユーロ労働者を一時的に雇用してこの仕事をさせたりしている。学校の仕事であるから公益性があるし、ペンキ塗りだから一時的・追加的である、まさにこの制度の条件をすべて満たしているのである。しかし、本来ならこの仕事を請け負うはずであった正規雇用の職人たちには仕事が回ってこない。このような賃金ダンピングで正規の職場を失った人たちもいる。

政府はこの種の仕事を民間企業にも認める方針だ。この制度により民間施設が公共施設に対して不利な状況におかれると、経済団体が以前から指摘していた懸念に答えたものである。対象となるのは、環境保護、青少年・高齢者支援、保健関連の民間施設である。これが実施されれば、公営の老人介護施設だけでなく、民間の同種施設でも短期間の補助的な仕事にこの制度を利用できるようになる。

さらに困ったことには、年金水準にも影響が出てくる可能性がある。1ユーロの仕事をする人たちも就業者として数えられ、さまざまな統計の対象となる。この種の仕事をする人が増えれば、年金額調整の際に対象となる平均賃金が統計上下がることになり、場合によっては年金額が引き下げられることになる。2005年7月現在、1ユーロの仕事は20万件あるが、これが10万件増えて30万件になると、年金額が0・2%から0・3%（年間150ユーロ程度、2万1千円程度）下がり、政府が目指すように60万件に達すると約1%の引き下げになる、という推計もある。

◆労働時間が長くなる

ドイツでは職業生活に入るのが遅く、年金受給開始が早く、生涯労働時間が短い国として知られてきたが、最近になってこれを覆すような傾向が出てきた。

2004年あたりから、企業は経費節減、人員整理、国内事業拠点の縮小・閉鎖と国外移転などの主張のもと、労働組合に労働時間の延長や柔軟化を求め始めた。金属業界では労使交渉の結果、今まで業界一律に定めていた労働時間を各事業所ベースで決めてよいことになった。これを受けてシーメンス社は、一部工場について週労働時間を35時間から40時間に延長し、延長に伴う賃上げや割増賃金などの措置をとらないことを早々に決めた。これに続いてほかの大手企業でも、雇用を保証する見返りに、賃金据え置きのまま週労働時間を40時間に延長することで労使が合意した。また、国家公務員も、労使交渉により週労働時間がすべて39時間となった。旧西ドイツ地域では従来の38・5時間から39時間への延長となるが、旧東ドイツ地域では逆に40時間から39時間へと短縮されるのである。地方公務員に関しては

40時間への延長が可能となった。

ドイツの労働者が長年にわたって勝ち取ってきた成果の一つである労働時間の短縮も、経済のグローバル化や景気停滞のなかで脅かされてきている。将来的に、労働時間の延長・柔軟化の流れは止めることはできないであろう。また、社会保障制度の改革のたびに、負担は増大し、給付は縮小されていく。働く人たちを取り巻く環境はますます厳しくなっていくと考えられる。

著者略歴——

岩村　偉史（いわむら　ひでふみ）

1953年　山梨県に生まれる

1979年　早稲田大学文学部前期博士課程（ドイツ文学専攻）修了。文学修士

1980年－82年　ドイツ・ハイデルベルク大学およびデュッセルドルフ大学に留学

1982年－85年　ドイツ・ノルトライン・ヴェストファーレン州立日本語研究所研究員・講師

1986年より　在日ドイツ連邦共和国大使館勤務、現在に至る。安全保障、労働・社会保障担当

著書に、『ドイツ感覚』（三修社）、『異文化としてのドイツ』（三修社）、『ドイツ現代史における4つの11月9日』（白水社）などがある。

社会福祉国家　ドイツの現状

——ドイツ人の人生の危機への備え

二〇〇六年一〇月一〇日　第一刷発行

著　者　岩村　偉史

発行者　前田　俊秀

発行所　株式会社　三修社

〒一〇七-〇〇六二　東京都港区南青山二-二-八-六　CSビル

電話　〇三-三四〇五-四五一一（代表）

http://www.sanshusha.co.jp/

編集担当　澤井啓允

印刷・倉敷印刷株式会社

製本・松岳社株式会社青木製本所

ISBN4-384-03828-3 C1036

装幀　創造計画　平山　修